中国ナショナリズム
●もう一つの近代をよむ

丸川哲史 Tetsushi Marukawa

法律文化社

はしがき——中国ナショナリズムの現段階——

　「中国の台頭」という言い方が中国内外から出始めたのは、2000年代前半の頃からであった。そして今日、中国の経済成長は、かつて世界の工場としてイメージされた頃と比べて、徐々に穏やかになっている。その一方、本書が世に出される2015年、中国政府は「一帯一路構想（海と陸のシルクロード構想）」を大々的に発表するに至っている。それは、中国人民銀行が設立した「シルクロード基金」(2014年設立)、また「アジアインフラ投資銀行(AIIB)」の立ち上げ(2015年)として顕現している。この間、日本政府はこのAIIBに参加を申請するのかどうか迷っていたようである。しかし最終的に、参加準備国にヨーロッパも含む多数の国家が入ったことで、大きな衝撃を受けることになった。というのも、日本と米国を基軸にした「アジア開発銀行(ADB)」よりも一ケタ多い資金が集まる見通しが出てきたからである。アジア全域に対する日本と米国の経済的プレゼンスの低下を懸念する声も出てきている。

　このような今日の「中国の台頭」は、はっきりと中国の経済力・金融力の優位を印象づけている。これとの対比で明らかなことは、やはり米国が政治力・軍事力としては大きな力を持ち続けている一方、経済力・金融力を低下させている現状である。中国の外貨準備高は、現在4兆ドルで、2位の日本の1.3兆ドルを3倍ほど上回っている。そして米国の外貨準備高は順位で言えば、せいぜい20位程度である。

　さて、さらに詳しく「海と陸のシルクロード構想」に言及するならば、それは、アジア全域に高速道路、鉄道、発電所、港湾整備、

そしてガスパイプラインを設置するなど、巨大なインフラ建設を企図したものである。が、これは端的に国内の余剰工業生産力と金融資本の投下を組み合わせた対外事業の推進を意味する。ただこの「海と陸のシルクロード構想」の狙いはまた別に二つある、と言われている。一つは、中国が南シナ海を利用して続けていた輸出入のラインを多極化すること。国境を接しているミャンマー、そしてパキスタンからの輸出入が可能になり、またスリランカの港を使用するなど、物流のルートを分散できるということである。そしてもう一つは、かつて中国が激しくいがみ合っていた二つの大国、ロシア、インドとの間で、安全保障の度合いが高まるというメリットである。

このように考えてくると、中国は明らかにかつてのモンゴル帝国＝元帝国の夢を反復する段階に近づいたと言える。そのような意味も含んで「シルクロード構想」なのである。しかしもう一つの過去のあり様も振り返ってみられるべきである。それは毛沢東時代、第三世界主義を通じた発展途上国への援助と連帯の記憶である。毛沢東時代のような政治的理想主義は、明らかに当時の中国革命を通じた中国ナショナリズムの発露であったと言えるだろう。そのような毛沢東時代にかつて中国が追求した理想主義と比較した場合、今日の中国の外側への関心の持ち方は、明らかに経済・金融のロジックが主軸になっている。そして今、中国内部で議論されているのは、中国がまさに大きな力を外側に及ぼすことに関連して、どのような責任意識を持つべきか、という議論のようである。こう考えるならば、やはり中国の外側から中国を観察する者として必要なことは、ここまでの紆余曲折の多い中国の発展の道筋──これを推進してきた原動力たる中国ナショナリズムを長期的・中期的・短期的に、つまり総合的に観察することなのである。

*　　*　　*

　最後に、私の中国ナショナリズムに対する考察を一つの形にすることを提案してくれた法律文化社、特に私の考え方にじっくりと耳を傾けてくれた舟木和久氏に感謝を述べたい。

　2015年5月

丸川　哲史

目　　次

はしがき

序　章　私たちの中国理解に欠けているものは何か？……1
　　導入——2012年の出来事………………………………1
　　近代ナショナリズムの特色……………………………3
　　ナショナリズムを区分けする…………………………5
　　本書の特色………………………………………………12

第1部　歴史にみる中国ナショナリズム

第1章　清末から五・四運動まで…………………19
　　清朝の対外政策と統治…………………………………19
　　アヘン戦争と太平天国の乱……………………………22
　　改革運動の挫折…………………………………………25
　　漢民族ナショナリズムの興隆と衰退…………………28
　　中華民国の誕生の困難と五・四運動…………………32
　　中国の近代化の特色……………………………………37

第2章　内戦と日中戦争、中華人民共和国成立まで…39
　　ポスト五・四期、または国民革命……………………39
　　毛沢東の根拠地運動……………………………………44
　　日中戦争の持つ意味……………………………………48
　　人民共和国の成立と朝鮮戦争…………………………53
　　ポスト朝鮮戦争の政治とその転換……………………56

第3章　冷戦の変容、日中国交回復から「中国の台頭」まで ……… 60

ソ連からの「自立」と核実験 …………………………………… 60
プロレタリア文化大革命 ………………………………………… 63
中国と第三世界論 ………………………………………………… 66
日中国交回復と改革開放、および天安門事件 ………………… 70
南巡講話から「台頭する中国」へ ……………………………… 73
尖閣（釣魚列島）問題からみえるもの ………………………… 75
尖閣諸島の「棚上げ論」について ……………………………… 78

補　章　台湾問題にみる中国ナショナリズム ……………… 81

近年の出来事から ………………………………………………… 81
日清戦争＝台湾割譲 ……………………………………………… 83
戦後のいくつかのポイント ……………………………………… 85
中国ナショナリズムからみた台湾 ……………………………… 88
東アジアの内部矛盾 ……………………………………………… 92

第2部　社会基盤にみる中国ナショナリズム

第4章　ナショナリズムと「革命」 ……………………… 97

なぜ「革命」がキーワードに？ ………………………………… 97
日本近代史の視座から …………………………………………… 98
世界史の視座から ………………………………………………… 102
中国革命における「階級」 ……………………………………… 106
「文革」／ポスト「文革」をどうみるか ……………………… 111

第5章　ナショナリズムと「党」 ………………………… 115

君主から「党」へ ………………………………………………… 115
中国における「党」の始まり …………………………………… 119
超級政党の出現 …………………………………………………… 123

教育者としての「党」………………………………………… 125
　　国家にとっての「党」の位置 ………………………………… 128

第6章　ナショナリズムと「帝国」………………………… 132
　　統治様式としての「帝国」……………………………………… 132
　　清朝と現代中国 ………………………………………………… 135
　　二つの中国イメージ …………………………………………… 139
　　他の旧帝国との比較――インドを例として ………………… 143
　　文字と官僚制 …………………………………………………… 148

第3部　指導者の思想にみる中国ナショナリズム

第7章　孫　　文 …………………………………………… 155
　　広東の歴史的磁場から ………………………………………… 155
　　『三民主義』その一、「民族主義」について ………………… 157
　　『三民主義』その二、「民権主義」について ………………… 161
　　『三民主義』その三、「民生主義」について ………………… 167
　　日本とのかかわり ……………………………………………… 171

第8章　毛　沢　東 ………………………………………… 174
　　またなぜ毛沢東なのか？ ……………………………………… 174
　　若き毛沢東の経験 ……………………………………………… 176
　　毛沢東と内戦、および祖国防衛戦争 ………………………… 180
　　解放後の国家建設 ……………………………………………… 184
　　毛沢東にとっての文革／ポスト文革 ………………………… 187
　　毛沢東の理想と現代中国 ……………………………………… 191

第9章　鄧　小　平 ………………………………………… 193
　　実務者の風貌 …………………………………………………… 193
　　文革期の鄧小平、およびその遺産 …………………………… 195

第二次天安門事件（六・四事件） …………………… 199
　　南巡講話とポスト鄧小平体制 ……………………… 203
　　鄧小平の遺したもの ………………………………… 206

終　章　課題としての中国ナショナリズム、
　　　　「民主」および「人権」について ……………… 209

　参考文献 ………………………………………………… 215
　年　表　日本・中国（大陸）・台湾の近現代史 ……… 218

序章　私たちの中国理解に欠けているものは何か？

●導入──2012年の出来事

　少し時間を遡ってみたい。2012年7月7日、当時の民主党政権の野田首相から尖閣諸島「国有化」への意向が示され、次いで9月10日、同様にして「国有化」が正式に宣言されたことをきっかけに、中国の100箇所以上の都市で激しい反日デモが誘発されることとなった。折しも、その数日後の9月18日は、満州事変（柳条湖事件）の記念日にも当たっていた。一時期、それらの抗議活動は日系の商業施設や工場および日本車への攻撃にも及んだが、先に述べた9月18日、中国政府が海洋管理および漁業行政にかかわる公船を係争海域に派遣したことを合図にデモは一応鎮静化に向うことになった。

　本書が執筆されている現時点で、既に日本の政権は交代しているわけだが、やはり一貫して日本政府は、尖閣諸島にかかわって「領土問題は存在しない」という立場を繰り返し表明しており、結果として政府首脳間の交流が停滞するなど、2カ国の間の火種は消えないままになっている。尖閣諸島をめぐる「領土問題」や「国有化」の是非についてここで詳しく説明することはしないが、この2012年に起きた出来事によって、1972年の日中国交正常化以来、これまでの日中間で培って来た友好の気運は一気に退潮し、現時点、日本のマスメディアが行う近隣国への好感度（嫌悪感）を示す世論調査におい

て、中国への嫌悪感を示す割合は70～80パーセントを示す水準のまま固定されている。

以上に述べた比較的即物的な描写においても、実は中国側の反応をどのように読み解くかにかかわって、真面目に考えてみなければならないことが幾つかあることを指摘しておきたい。

まずその一つは、中国側の報道、あるいは中国側の反応において顕著なこととして、中国側は日本との関係において歴史的な日付を強く念頭に入れている、ということである。まず尖閣諸島の「国有化」がはじめに政権から仄めかされたのが７月７日であったことは、やはり重大なことであった。実にこの日は、日中戦争が勃発した1937年の盧溝橋事件の日付であって、毎年この季節になると、過去の祖国防衛戦争の歴史にかかわって政府筋も含め、大きなキャンペーンが行われることになっている。これに比して日本側では、７月７日とは「七夕の日」として季節の祝日という認識になるだろう。日本は、玉音放送の流れた日付には特別の愛着があるわけだが、開戦の日については、ほとんど意識化されていない。そのことの反映でもあるのか、日本政府は、尖閣諸島の「国有化」に向けたメッセージを発する日付について、全く中国内部の反応を推し量ることもなくそれを行ったことになる。幾ばくか中国内部の事情に詳しい外務省の担当者も含め、この問題に気づく人員がいるはずであって、このことに無頓着であるのは、やはり不思議なことと言わざるを得ない。尖閣諸島に関する「国有化」の是非は、ここでは議論しないが、いずれにせよ中国側に伝わるアクションとして、そこに領土問題が存すると考えている中国側からすれば、その日を選択としたことは、故意の挑発行為として受け止められたことになる。

●近代ナショナリズムの特色

　こういったところから考えてみたいのは、一般的にそう呼ばれているところのナショナリズムという現象について、まず分析的にアプローチしてみる必要があるのではないかということである。私たちが考えるナショナリズムとはとりあえず、自民族、自国家への熱狂的な支持現象としてイメージされるものであるだろう。ただここで原理的に考えるならば、「民族」あるいは「国家」という概念自体は、社会的歴史的伝統と繋がりながらも、現在の世界的水準でみれば、ある時期以降に作られた近代的システムであって、そういった近代的システムが成立する以前において、今日私たちが自明としているような民族や国家があったかどうか、極めて曖昧なものと言わざるを得ないものである。その意味からも、ナショナリズムは近代以降の現象である、とひとまず言わねばならない。ではここでもう一つ考えなければならないのは、ではその近代的システムとはどのように作られたか、ということである。ただ本書は、近代的なシステムそのものの起源を探求することは目的としていないので、ここでは簡単に触れるだけにしたい。

　近代のナショナリズムは、17世紀以降にヨーロッパにおいて発明されたものである。それまでのヨーロッパの中世と呼ばれる世界は、主に封建領主がそれぞれの土地を自らの実力で統治し、その各々が徴税のシステムを持っていた段階であった。が、そこから、官僚制（および法制度）を完備したより高い審級の政府が発足せられ、同時にきっちりと確定された領土概念を醸成し、さらにその中に住まう人民（国民）のメンバーシップを確定して完成されんとしたシステム――これが近代世界を構成する近代ナショナリズムに

とっての目標となる。そして今日、私たちがそこで生きている近代世界システムの成立とは、先に述べたヨーロッパ発の近代ナショナリズムのモジュールたる高次の政府組織と領土そして国民が三位一体となった国民国家（民族国家）システムを非ヨーロッパ社会が受け入れ、そしてそのような国家間条約の体系の中へと入って行く——このようなプロセスとして素描できるだろう。

　以上、およそ国民国家（民族国家）の成立を略述し、それをまた非ヨーロッパへと移植されたプロセスとして扱ったことになるが、ここにもう一つのモメントを入れておかねばならないだろう。それは、そのような国民国家（民族国家）が必要視される歴史的な必然性とは何であるか、ということである。それはヨーロッパを基準にして考えるならば、何よりも戦争というモメントである。ドイツなどが顕著な例であるが、ナポレオンによる征服戦争への抵抗心が、言語習慣的に近いところのゲルマン系の封建的体制（王朝）を解消させるまでの民族的団結を生んだことになる。そこからより強力な中央政府を打ち立てる志向性が高まり、そのように国民国家形成が進展することになる。また翻って、このようなナショナリズムの高揚は、統一された中央政府への支持とともに、侵略された土地を取り返す情熱へと凝固、またそういった情熱を持つ人間のメンバーシップを確定する作業を推進することになる。

　このような戦争という契機を媒介にして高揚するナショナリズムの定義は、やはり現在においても通用するものであろう。戦争とはやはり敵味方を区別し、味方の団結を呼びかけるものであって、そこで領土（また奪われた領土）を自らの身体の一部としてまで想像する契機が生じざるを得ない。その意味でも、ナショナリズムは紛れもなく戦争を契機にして強化されるものであり、またそれが逆転すると、戦争政策をリードせんとする為政者は、人々の中で既に植え

付けられ始めたナショナルな意識をさらに意図的に煽る策動に出ることになる。そこでまた、戦争への準備として国民の思想の統一を求めるための締め付けも、政府と大衆メディアが一体となって演出することさえ出て来るわけである。

一つの分かりやすい例として、2001年の9・11事件以降に、米国に現れたナショナリズムのあり様が挙げられよう。米国政府は、これを米国への先制攻撃とみなすとともに、この攻撃を為した組織の壊滅を目指して海の向うまで大量の兵士を送り込み、多くの潜在的な敵を作り上げてそれと戦う、という一大行動を積極的に推進し、さらに我の方に味方するのかどうか、踏絵を踏ませるような挙動も垣間見られていた。当時戦争を推進したジュニア・ブッシュ大統領は、悪の枢軸という言葉を用いて敵のイメージを作り上げ、9・11事件をもたらした組織を匿っているとみられた国家や政治グループなどにも、報復の範囲を広げることとなった。その結果、その9・11事件当初のナショナリズムの情緒的反応と、しかしそれに見合う成果との間に著しい乖離が生じることにもなった。米国がイラク国内で探し当てようとした大量破壊兵器は見つからなかった。その意味でも、ナショナリズムが持つ魔力的とも言える力について、やはり意識と関心が集中されねばならないところである。

●ナショナリズムを区分けする

ここまで述べたところのことで、一点強調しておくとすれば、一方の非ヨーロッパにとってナショナリズムは、伝統が浅いものであり、現在にいたるまでヨーロッパの模倣としてあった側面が見え隠れすることである（ある意味では、米国のナショナリズムも伝統が浅いものと言えるかもしれない）。現時点において、ヨーロッパ文明から派

生したところの米国のことは脇に置いておくとして、しかし今日のヨーロッパにおけるEUの形成からみえて来るのは、強力な国家主権の一部をより上位の審級へと譲渡した事跡であり、またその結果としてEU内部の国境のハードルは著しく低くなり、また人の移動の自由が増したということ、つまりナショナリズムを必要視する必然性が著しく逓減されている事態である。その一方、東アジアはどうであろうか。もちろん、冷戦崩壊以降、人やモノ、金の移動の自由度は著しく引き上げられている一方、国境にかかわる観念はむしろ強化され、それぞれの国家に内属するマスメディアが流す他民族への偏見を助長しかねない報道はむしろ増えている。いずれにせよ、本書が書かれなければならない理由は、実にここに存しているということになる。

「私たち」という主語を日本人としてか、あるいは東アジア人としてか、さてどのように規定してよいか迷うところでもあるが、本書を執筆する動機として述べておきたいのは、私たちの住む場所を平和なところにしなければならない、という根本的な願いである。本書の執筆動機がここに定まっていることを前提とし、そこでこの地域におけるナショナリズムの突出をどのように理解し、最終的には危機のあり様をいかに平和へと転化して行くかという課題において、この地域において最も人口が多く国土も広い中国のナショナリズムを考察することは、やはり必須のことと言わざるを得ないのだ。

さて以上の前提に立った上で、これから試みたいことは、中国のナショナリズムの成分をまず幾つかの位相に腑分けし、そこに適切な分析を加え、理解しやすい形にして提出することである。そこで中国ナショナリズムの特色をあぶり出すための四つの位相を立ててみたい。それは国家ナショナリズム、歴史ナショナリズム、社会ナショナリズム、そして最後に思想ナショナリズムである（この四つ

の位相はもちろん、現実過程において複雑に絡み合う)。ここで一応の注釈をそれぞれに加えて行くことにしよう。

　国家ナショナリズムとは、先のヨーロッパから出て来たナショナリズムの枠組みなる政府、領土、国民の三位一体を保全しなければならないという原則的な志向性である。この国家ナショナリズムとは、近代国家という体裁を維持しようとする限り、そこに外部からの侵入や侵害があった場合、ほぼ必然的にせり上がって来るもの、と言えるのではないだろうか。たとえば、先に述べた尖閣諸島にかかわる日中それぞれの政府とマスメディアの反応は、だからほぼ自動運動のようなものであって、そのためほとんど同じ言語で対応することになる。つまり、「神聖にして不可侵な、古来より我が国の領土である尖閣諸島(釣魚列島)は〜」、といった話法である。だがここで理解すべきなのは、ある時期まで、日本列島に住まう人々にとっても、中国大陸に住まう人々にとっても、また台湾に住まう人々にとっても、近代的な意味での領土の概念、すなわち排他択一的な空間概念は存在していなかったということである。すなわち尖閣諸島海域は、そこは各々の住民が交じり合って利用する重複する生活圏として存続していた、という歴史的事実がある。そこが、近代的な領土概念から扱われるようになったのは、おそらく19世紀の後半からであった。そしてその時期、この東アジアにおいて、特に日本がいち早く、ヨーロッパで発明された排他択一的な空間原理を持つ国民国家の論理に適応していった事跡が確認できる。その意味では「古来より〜」といった言説は学問的には虚偽である、と言わざるを得ないところがある。この国家ナショナリズムは、領土問題にも顕著であるように、近代以前の曖昧さを許さない宿命的論理であることによって、だからそれはおよそ自動運動的に発露せざるを得ないものなのである。

さてその次にみたいのは、歴史ナショナリズムである。この概念は、民族としての歴史記憶に基礎を置くものとして、先の国家ナショナリズムとは浅からぬ接点を持ちつつも、しかし独自の位相を持つこともある。というのは、先に述べた2012年の中国側の反応をみると、当初、石原慎太郎元都知事が尖閣諸島の購入を発表していた際には、政府やマスメディアもさほどの反応を示していなかった。しかし、野田首相の尖閣諸島の「国有化」の意向が発表された日付が7月7日であったことは、やはりかつての侵略の歴史を彷彿とさせるものがあり、そういった歴史記憶が大衆デモの形成を強く促した側面はやはり拭いがたく認められるところであった。またデモの隊列が指し示すプラカードに書き記された文字を観察してみたところ、やはりある時期のスローガンがそのまま反復されている例も散見されるなど、興味深い現象をみるところとなった。その例として挙げられるのは、たとえば「日貨排斥（日本商品を買うな）」、「勿忘国恥（国の恥を忘れるな）」といったスローガンで、日本による「対華二十一カ条要求」への反対を主旨として1919年の5月4日に始まった五・四運動を彷彿とさせるものであった。ちなみに、これらのスローガンは中国政府が発明したり、呼びかけたものではなかった。中国政府は、日本商品のボイコットなど採用していないのである。先ほど述べた国家ナショナリズムのベクトルと相補関係にありつつも、歴史への大衆の反応は、国家（政府）の意図を越えて、五・四運動との連続性を志向したことになる。ここでポイントになるのは、こういった歴史ナショナリズムは、完全に国家ナショナリズムの下にコントロールされるものではない、ということである。国家ナショナリズムは、先に述べたような自動運動として、ほとんど相同的な反応を引き起こすものである。これに比して、歴史ナショナリズムの位相がみせるのは、むしろ過去の歴史への評価にかかわる

敵味方の非対称性の再浮上である。先の7月7日という日付への認知に止まらず、中国においては、やはり日本による侵略の歴史はまだまだ生きたものとして存在し続けている、と言わざるを得ないのである。

さてこの歴史ナショナリズムとの接点を持つものとして、次に社会ナショナリズムと呼ぶべき位相を明らかにせねばならないだろう。社会の側、つまり自然発生的なデモのエネルギーは、過去の歴史に反応した成分もありながら、またそれとは別に、格差の拡大など日常的な社会生活における雑多な不満の蓄積にも負っているという事実である。民衆のデモへの参与は、対外的な日本への不満の部分もさりながら、むしろ中国内部の社会生活への不満の蓄積が前提としてあって、これに歴史ナショナリズムが刺激を与えることで、巨大なデモや行動に転化するという筋道が出て来ることになる。さらに言うと、この社会ナショナリズムも、時に国家（政府）の意向に反する場合が多々ある、という性格を指摘しておかねばなるまい。

2012年の反日デモは、やはり社会ナショナリズムの高揚があって激しさを増したわけだが、政府はむしろそれに対してずっと抑制的であったと言える。しかし政府にとっては、社会ナショナリズムの水位が増し、制御が難しくなるにつれ、ある決断をしなければならなくなるという展開を辿ることになった。反日デモが過熱する中、中央政府はそれまでやって来なかった行動に出ることになる。つまり、政府が公船を尖閣領海へと派遣する、という決断を為したのである。中央政府は、もちろん自動運動のようにして「神聖にして不可分の領土～」といった言説を繰り返していたわけであるが、それまで具体的な行動を採るには至っていなかった。しかし、満州事変の勃発の日、9月18日、中央政府は公船を尖閣領海に派遣し、そのことによって社会ナショナリズムの暴発を緩和するという賭けに出

たことになる。そしてこの政府の決断は、中国の文脈では成功したこととなった。つまり、社会ナショナリズムの側は、これによって一応の安堵感を得ることで、これ以上のデモの過熱は避けられ、さらにはデモそれ自体の収束が一挙に実現することになった。言い換えると、この局面において、国家と社会ナショナリズムは妥協点を見出すことができた、と言えるかもしれない。

　ちなみに、日本の近現代史においても、このような国家の意志と社会ナショナリズムが乖離し、齟齬が起きたケースとして、1905年の日比谷焼打ち事件を挙げることができる。この事件は、日露戦争に勝ったという知らせを受けていた民衆側にとっては、ポーツマス条約において獲得したものの少なさが露わになり、それが日常への不満に転化し、日比谷の交番が焼打ちに遭うなど、暴動に発展した典型的とも言える例である。実際のところ実証的に考えてみれば、日露戦争そのものに関しては実はどちらが勝者となったか、にわかには判定し難いところがあった。国家理性の側からみるならば、この程度の条約の中身において手打ちをすることが得策だと感じられた一方、民衆の側は「勝利」の勢いをそのままに、戦争への協力によって蒙った辛苦をそこで晴らそうとした動機がうかがえるのであった。

　さてこのように、これまでナショナリズムの位相を三つのカテゴリーに腑分けして来たわけだが、ここで得られた知見とは、つまりこのようなナショナリズムの各位相は、それぞれ複雑に絡み合いながら、またそれらの間で矛盾が顕在化する場合がある、ということである。ここはやはり、ナショナリズムを有効に分析する際に、是非とも意識しておかねばならないことである。

　そして最後のカテゴリーとして、思想ナショナリズムを挙げておく。このカテゴリーは、特に中国に当てはまることが多く、日本に

おいてはあまり意識されない分析対象である。というのは、中国の政治世界において、政治リーダーとなる人間が実は思想家（理論家）も兼ねているケースが多い、ということに顕著である。中国の政治リーダーは、国民国家を形成するために、西洋からの理論の影響を受けつつも、多くはそれを自らの国情に沿って変形させ、そして練り上げられた思想内容を実践的に国民国家形成へと役立てる——といった軌跡を示して来たのである。たとえばそれは、孫文にしても、毛沢東にしても、また鄧小平などもそうであったと言える。いわば、中国は近代国家建設に先立ち、またそれと同伴するあり様として、国の形を決めていく思想ナショナリズムが出て来るということなのだ。これは先に述べたように、日本においては実に薄いことである。ところで、日本も何がしか西洋近代の論理を思想として、また制度として受け入れつつ、それを変形させて日本社会に植え付けて来たはずである。だが日本の場合には中国に比して、思想形成がナショナルな動きをリードする、といったことがイメージとして像を結び難い。たとえば、中国では孫文の三民主義であるとか、毛沢東の毛沢東思想であるとか、そういった連想があったとして、日本では原敬思想であるとか、吉田茂主義といったカテゴリーは成立しようもない。ただその一方、インドにおいては、ガンジー主義といったものは存在するのであり、ロシア（ソ連）においても、レーニンやスターリンは、「主義」として機能し、またかつて世界に向けて発信させられていた。いずれにせよ、それらのイズムは国家形成の中で現れたものとして、ここで述べているところの思想ナショナリズムを体現するものであった。

●本書の特色

　さて以上、中国ナショナリズムを考察する上でのナショナリズムの位相を四つに分けて説明して来たわけであるが、本書において重要視されるのは、特に二つ目の歴史ナショナリズムと四つ目の思想ナショナリズムである。国家ナショナリズムに関しては、だいたいのところどの国家にも当てはまる法則だと考えられ得るからである。また社会内部の不満が国家ナショナリズムや歴史ナショナリズムに媒介され社会ナショナリズムとして発現することも、これもまたどのような国や社会においてもあり得ることとみることができるからである。ちなみに、この社会ナショナリズムを分析することに関しては、社会学と呼ばれる学問が最もふさわしく、その各々の社会内部の不満の根源を明らかにすることになるだろう。なぜなら社会学は、一定の社会調査も含むところで機能する分析実践の学知であって、この方法が最も鮮やかに社会内部の不満の断層を垣間見せることになると言える。この意味合いからすれば、本書の採るスタンスは、この社会ナショナリズムの位相を無視するわけではないものの、しかし中国的な特色としてあるところのナショナリズムに関しては、やはり歴史的なものの蓄積とその歴史記憶の発現に特に注意を払う必要がある、と考えている。簡単に言えば、分析方法としての社会学は、本書は採らないということである。

　翻って、本書が求める分析の対象は、主に歴史ナショナリズムということになる。さらに先ほど述べたように、日中間においては、中国の側からの日本に対する歴史ナショナリズムの発生の淵源は1919年の五・四運動に、またさらに日清戦争の敗北からの台湾および澎湖諸島の割譲に遡れるだろう。この歴史的経緯を起点にしたナ

ショナリズムの持続力については、その持続のあり様への観察も含めて日本人にとっては特段の注意が必要となる。

ただし、この歴史的角度からみられた中国ナショナリズムを考察する上で、日本という要素、つまり20世紀前半に集中する事跡の他にもう一つ注意しなければならないことがある。それは、国家主権の形がほぼ完成されたとみるべき、20世紀後半の中華人民共和国の成立以降のナショナリズムのあり様である。ここにおいて鍵となるのは、むしろ米国とのかかわり、そしてさらにソ連とのかかわりである。朝鮮戦争への参戦から始まる冷戦期を通じて、中国は改革開放政策を採ることになる1978年まで米国と対立関係にあったわけで、この時期の中国ナショナリズムの成分において「反米」が潜在していたことは、既に周知のところであり、それが1970年代に劇的に再編された経緯も既に知られている。しかしもう一つのモメントとしてのソ連との関係においては、特に日本の側の文脈では、得てして無視されがちである。あえて結論から申すならば、人民共和国の成立からの中国は、顕著なところで1960年前後から、特にソ連圏からの「自立」という選択を採るようになるのであり、この歴史的経験を軽視することは出来ないものと言える。この20世紀後半の人民共和国の成立以降に関しては、先に提示した四つのナショナリズムのカテゴリーからみてみるならば、むしろ一番目の国家ナショナリズムが、ソ連からの自立を経て確立されたプロセスとしてそれを評価する必要があると言えるだろう。またそれと同時に、思想ナショナリズムの位相においても、このソ連からの自立のプロセスは、いわゆるソ連を中心とした当時の国際共産主義運動の脈絡にあって、独自の思想傾向として、第三世界論に深く中国の指導者たちがコミットしていた時期として確認する必要もあろうかと思われる。

したがって本書の構成に関して、近代中国が国民国家（民族国家）の形成のプロセスを歩んで来た歴史的な経緯について述べる部分を一つの大きな柱（第1部）としたい、と考えている。その大きな柱をさらに分節化するならば、以下のようになる。「第1章　清末から五・四運動まで」、「第2章　内戦と日中戦争、中華人民共和国成立まで」、「第3章　冷戦の変容、日中国交回復から『中国の台頭』まで」以上。

次に第2部において、中国ナショナリズムの質的特徴を捉えるための切り口を配置し、中国ナショナリズムを原理的に把握するための新たな構図を示したい。中国は、あまりにも広く、そして歴史が深いため、大学のアカデミーの世界では、中国を地理的にまた歴史時代によって区分し、その中に止まって研究することが奨励されている。しかし、今日みるように、中国のあり様、とりわけ中国ナショナリズムを理解するに当たっては、やはり原理的思考に回帰しなければならないものとも感じるのである。

そこで中国ナショナリズムを原理的角度から捉えるため、三つのカテゴリーを配置してみた。その三つとは、「革命」、「党」、「帝国」である。すなわち、この三つのカテゴリーを挙げて、中国ナショナリズムを理解する際のキー概念として扱いたいと考えるのである。すなわち、本書第2部を構成するものとして、それぞれ「第4章　ナショナリズムと『革命』」、「第5章　ナショナリズムと『党』」、「第6章　ナショナリズムと『帝国』」とする。

まず、中国の近代化というもの、別の言い方で言えば国民国家形成は、「革命」というドラスティックな展開を通じて志向されてしまったこと（そしてそれが特殊な終わり方に帰結したこと）——このことの持つ複雑な意味を酌み取る必要がある。なぜなら、辛亥革命を発端とした長期に渡る中国革命のプロセスは文革の終了と改革開放

時代に移った瞬間にほぼ終わったものとみなせるのであるが、さらに最後の革命のプロセスたる文革自体が、共産党自身の手によって徹底的に批判される(1981年の「歴史決議」)という複雑な経緯を持つ(この意味については、また後で論じることになる)。

そして次に「党」である。中国で大きな勢力となった党は国民党と共産党だけであるが、この二つの政党はまたそれぞれ革命政党であり、いわば私たちの日本社会および欧米社会が前提とする議会主義政党の国政選挙による競争という手段を採らず、中国の近代化を推し進めようとした。このようなやや特殊とも言える「党」のあり様について、またそれが国民国家形成において鍵となる役割を果たしてきた意味はやはり重い。その意味からも、この二つの党が負った歴史的役割とその方向性にどのような必然性があったのかを確認する必要がある(後で、「超級政党」というカテゴリーで論じることになる)。

そして最後に論じなければならないのは、「帝国」としての中国である。結果として、中華帝国の遺産を引き継いで近代中国が国民国家形成を遂行して来たことの特異な意味——これを解析する必要がある。やはりこのことに触れないでは、今日の「台頭する中国」のナショナリズムのあり様を説明できないからだ。中国革命は、表側の意味合いとしては、清朝の帝国統治を覆す形で国民国家形成を図ろうとして来たはずである。にもかかわらず、やはり中国革命は、清朝が保持していた帝国の版図をカバーする形で国家建設を進めることに帰着したし、結果として成立した政治システムは、どこかでかつての帝国的な想像力によって維持されているように見受けられるからである。

さて本書の最終部である第3部についても説明したい。この第3部はとりわけ、日本の側から中国をみる眼差しとして欠けている思

想としてのナショナリズムを扱うものである。この部分が、日本の側からして実のところ最も分かり難い領域であるものと思われる。いわば、指導者の思想形成というものが国家や社会の近代化を引っ張る形である。欧米に比して後発近代というポジションを持たざるを得ない諸国家においては、ある意味では当たり前のように思想形成が国民国家形成の先導役としての機能を果たしていたということ——このことの意味はやはり押さえておかねばならないのである。特に中国の場合に、この担い手として挙げられるべき固有名を挙げるならば、孫文、毛沢東、鄧小平ということになる。これらの政治リーダー（思想家）に関する部分を第3部とし、それぞれの章立てとしては「第7章　孫文」、「第8章　毛沢東」、「第9章　鄧小平」として叙述することにする。

　以上、私たち日本人にとって、特に中国ナショナリズムがなぜ理解し難いものであるのか、それを解き明かすための本書の基本概要を説明した。

第1部

歴史にみる中国ナショナリズム

第1章　清末から五・四運動まで

●清朝の対外政策と統治

　18世紀まで、清朝中国に対してヨーロッパが通商を求めるプレッシャーは、比較的に低いレベルに抑えられていた。それは第一に、まだヨーロッパ諸国が中国に積極的な関与を進めるための力を蓄えていなかったからだが、一方の清朝の態度としても、伝統的な華夷思想（文明の中心地「華」と、その文明の恩恵に浴していない「夷」を区別する思考法）にもとづき、対等の交流や積極的な通商を認めなかった。ここで注釈が必要であるのは、華夷思想とは実のところ人種主義的な観点で構成されたものではない、ということである。この華夷思想は一般的には、中華思想と呼ばれるものである。

　さてこの華夷思想を表現した対外政策として、まず朝貢と呼ばれる制度があった。それは、王朝同士が貢物（プレゼント）の交換を行うもので、いわゆる資本主義的な意味合いでの利鞘を稼ぐ通商とは別カテゴリーとなる。ちなみにこの朝貢システムにおいては、ほとんどの場合、清朝側の持ち出しが多く、中華王朝の側がそれによって経済的利益を追求するものではなかった。清朝は、ヨーロッパとの通商についても、自分たちの主観としては朝貢として認められる範囲を認める、という態度に終始していたと言える。またもう一つ、清朝までの中華王朝が採って来た外交システムとして、周辺部

の王朝、モンゴル、朝鮮、ベトナムなどに対して、冊封と呼ばれる儀礼システムがあった。これは、周辺部王朝の代替わりに関して、それに中華王朝が「お墨付き」を与えるという儀礼的交流を行うものであった。

　このような朝貢と冊封が含意していた中華的なセオリーは、今日の国際間システムと対比してみた場合、やはりそこに大きな違いがあったと認めざるを得ない。それは、まず現在の国際間システムが各国民国家において、建前として対等／同格であることを条件としていることがまず大きく異なる。朝貢冊封システムは、明らかに中華王朝の文化的優位を強調するものであり、またそれを主眼としたものであるからだ。ただし翻って、現在私たちがそのルールに則って取り交わしている国際間の外交システムは、条件として同格の地位を前提にしているものの、両者が合意するならば、その条約の中身についていかようにも差別的な規定を置くことができることになっている。言い換えれば、中華王朝が採っていた朝貢冊封システムは、中華王朝の文明的優位を明確に認めることによって、中華王朝とその周辺部／外部との関係において争い事を回避するという目的を有していたことになる。その中心的な思想がすなわち、自らの文明的優位を価値づける華夷思想なのであった。ある意味では、ヨーロッパが東アジアに進出してくる以前の世界は、このような中華王朝を中心としたところの階層構造的に規定された「平和」が持続していたもの、と考えることができる。

　ただし中華世界とその周辺部との間には、文化的な意味合いで、複雑な線分も存在していた。すなわち、清朝の中心的部分は、文化的にはほとんど中華の内部に同化されていたとは言え、そのルーツを過去に遡るならば満州人であった。そのことから、朝鮮やベトナムなどの王朝では、自らこそ中華文明の正統たる継承者であると

いった発想——これを別に小中華思想とも呼ぶ——を持っていた。その意味からも、中華思想とは、人種的なものではなく、また空間的な移動が可能な発想法を有していたことになる。さらに言えば、この中華思想は、明治維新を駆動させた尊皇攘夷思想として、日本でも変形されたあり様として反復されていたのであった。現に、攘夷を唱えた吉田松陰などの思想家、あるいはそれに先立って攘夷を唱えていた水戸藩などの藩士たちの思想は、全て中華の伝統哲学によったものであった。総じて、近代システムに乗った形でのナショナリズムが発現してくる以前の東アジア世界においては、やはりこの朝貢冊封システムに特徴的な「中華」への模倣が主たる文化モードであったのだ。

ただそのような比較的安定した対外システムを有していた清朝であったが、19世紀の前半に差し掛かる中で、徐々にその衰えが顕在化するようになって行く。清朝の文明圏としての栄枯盛衰がゆっくりとしたスピードで下り坂に向かっていく最中、一方の西洋社会は徐々に、中近東、イスラム圏、またインドや中央アジアなどにおいて、自身の利益にかなう場を求め、進出を繰り返すようになっていた。それは、清朝（中国）に対しても然りであり、早くも18世紀の後半になると、イギリス政府は正式の行使を中国に差し向けるようになっていた。イギリスから派遣されて来た公使マカートニーは、後に自身の見聞を日記にまとめ『中国訪問使節日記』として公刊しているが、清朝の皇帝に直接会うこともままならない中でも、既に清朝の没落を予言している事績には興味が注がれる。彼の目に映った「中華帝国は有能で油断のない運転士がつづいたおかげで過去150年間どうやら無事に浮かんできて、大きな図体と外観だけにものを言わせ、近隣諸国をなんとか畏怖させてきた、古びてボロボロに痛んだ戦闘艦に等しい」と述べていた。この叙述は、マカート

ニーが1797年に書き込んだ日記の一節である。

　その主たる要因は、16世紀から18世紀にかけての「平和」がもたらした人口増加とそれに起因する土地不足である。またそれに対応すべき官僚の補充が適切に行われず、社会全般として統治システムの機能不全が顕在化するようになっていた。そこで引き起こされていたのは、大土地所有の増加、贅沢品の流行、移住民と地元民との間の闘争など、これまでにない社会不安であった。ここで鍵となるのは、有効にまた公正に徴税システムとそれに付随する行政管理が機能するかどうかであったが、先に述べたように社会問題に対応すべき官僚養成が追い付かず、また多くの官僚を食べさせるための徴税がままならないというジレンマに帰着していた。

●アヘン戦争と太平天国の乱

　以上述べた社会不安は、19世紀前半に否応なく顕在化することになる。特に人口増加のしわ寄せの方向として、それは中国南部へと偏る形で発現することとなった。19世紀前半まで、ヨーロッパが進出してくる地域もまた、広東省や福建省など、中国沿岸の南部であったことも特筆すべきことである。

　また重ねてこの時期、イギリスを初めとしたヨーロッパ列強との通商関係に無頓着であった清朝は、インド産のアヘンの流入を含むところの三角貿易をコントロールできないところまで放置させていた。この三角貿易とは、イギリスがメキシコから取り出した大量の銀を使い、中国で生産される絹、そしてインド産のアヘンが三角形を為す形で流通する体系のことを指す。そして、このシステムの成立をもって、中国は当時の世界資本主義ネットワークの中に組み込まれた、という評価が出て来ることになろう。この結果として与え

られたのが、さらなる中国内部における社会不安の上昇である。その中で、当然のことアヘン吸飲者とその流通業者（黒社会）の蔓延も、中国社会の病理として意識されるようになっていた。そこで清朝は、欽差大臣の林則徐（りんそくじょ）を派遣し、広東にてアヘンの没収と廃棄を命じ、アヘンを焼くなどの実力行使を進めたところ、イギリスとの間での軋轢が昂じ、いわゆるアヘン戦争（1840年〜1842年）が勃発することとなる。しかし、この戦争による敗北で、清朝はさらにイギリスとの間の「通商」の拡大を迫られることになるのだが、そこで問題になったのは、そこで取り交わされた南京条約の結果、むしろアヘンが堂々とイギリス人の影響下において中国内部で流通するようになったことである。いずれにせよアヘン戦争の敗北は、清朝の弱体化を内外に知らしめることになった。清朝側の受け止め方であるが、一部の高級官僚の間では、こういった外側から入って来る脅威を深刻な事態として受け止める勢力が出て来る一方、ただ全体としてはイギリス側に恩恵を与えておけば、うまく乗り切れるに違いないという、根拠のない願望に浸っていた。

　アヘン戦争による清朝敗北の結果を受け、中国内部を中心にして巻き起こったのが、清朝に取って代わる理想国家を打ち立てんとした太平天国運動（1851年〜1864年）であった。この運動の首謀者である洪秀全（こうしゅうぜん）は、科挙への合格を夢見た青年であったが、科挙合格の挫折をきっかけとして、香港を経由して伝わって来たキリスト教に感化され、神の予言者として土地均分や男女平等を謳（うた）う世直し運動を巻き起こした。この太平天国の乱について詳しく述べる余裕はないが、興味深い論点を二つほど挙げておく。

　一つは、この運動の主体である。後の共産党の定義では農民の多くの参加があったことになっているが、実際にこの運動に参与した者の多くは、地下経済的なネットワークを含む流通業者であった。

どうしてそうなったのか。これは直接的には、南京条約の結果として、アヘンの流通が直接的にイギリス人の管理下におかれ、多くの地元流通業者が失業した結果、多くの参加者が出現することになったためである。このことも含め、アヘン戦争がもたらした社会的な衝撃は、中国社会内部の巨大な流動化をもたらしたことになる。

そしてもう一つの論点として、この太平天国の乱がどのように鎮圧されたのか、そのプロセスも重要である。太平天国軍の鎮圧にあたったのは、曾国藩や李鴻章などの漢人高級官僚が地元で結成した義勇軍であった。この義勇軍は、独自に西洋式の装備と訓練をほどこされたもので、その威力が十分に発揮され、太平天国を打ち負かしたことになる。この意味が重要なのは、この鎮圧において果たした西洋式軍隊の強さを目の当たりにし、そこで清朝の内部において、西洋から多くの技術を学んでそれを国造りに役立てようとする官製運動、「洋務運動」が国全体としても始まることである。

アヘン戦争から太平天国の鎮圧までの流れは、清朝中国の内外に大きな社会不安と流動化の印象を与えることになった。しかし清朝側としても、この出来事を教訓として「洋務」の発想をもって改革を進めようとする芽も出て来たと同時に、最も重要なことは、国際間システムに入って行かざるを得ない必然性について徐々に理解し始めたことである。そこで19世紀の後半、清朝はロシア、フランス、日本などといった列強や準列強との間の通商（多くの港の開港も含む）や領土画定の交渉を進めながら、清帝国の体裁を維持しながらの改革運動を志向するようになっていく。いずれにせよ、アヘン戦争から太平天国の鎮圧まで、中国社会は大きな価値観の揺さぶりに見舞われたことになる。簡単にそれを申せば、伝統的な価値観が否定される契機が生じてしまったということである。

ここで一つ触れておきたいのは、先に述べたように、この19世紀

後半の清朝の改革は、「洋務運動」として表現されるものであるが、それは専ら西洋の技術に学ぶということで、中華の本体たる政治システムや教育システムの改革には及ばないとする発想であった。その意味では、この時点において、民衆の積極的な参加ではなく、官僚主導の改革が主流であったことから、今日の定義に当てはまるナショナリズムはまだ起動していなかったということになる。ナショナリズムとは、やはり国家の上からの運動だけを意味するものではなく、下からの呼応関係をもって定義されるものであるからだ。

しかし次の歴史的な瞬間において、ナショナリズムはにわかに必然的な流れに入って行くことになる。それは日清戦争の敗北というモメントである。

●改革運動の挫折

朝鮮半島の主導権を争った日清戦争の敗北により、下関条約の結果、清朝は台湾を日本に割譲するという国辱を記した。しかし当時の文脈において、たとえばこのことを知って中国民衆が怒りを覚え、デモが生じる、というようなことはなかった。それは先に述べたように、教育の改革などを含めた国民形成への施策が為される以前の段階であり、比喩的に言えば自国領が盗られることを我が痛みとして感じる——そのようなナショナリズムの機制がまだ働いてない社会状態であった。ちなみに台湾本体はそれとは別に、1895年の日本軍の上陸に対して激しい抵抗を試み、双方に多大な死傷者を出すに至っていた。これはある意味では、生活防衛的な意味合いがまずあり、また中華より劣るものとみられていた日本人の統治を受け入れることを肯定しない漢人住民が多く存在していた証拠となるものである。実際に、日本による征服戦争（日本の側からいう「征台の

役」)以後、日本の統治を嫌って大陸中国に渡る者も少なからずみられたのである。

　ここで一言触れておくべきことは、日清戦争にかかわる清朝側の受け止め方である。日本との戦争そのものに関連しては、敗北そのものを受け入れられない「主戦派」が当初は力を得ていたが、少し時間が経ってくると、敗北の原因をむしろ内側に求める流れも出て来ることになる。つまり「主戦派」から「自強派」へ、という流れである。既にこの時、清朝側は「洋務運動」の結果、特に海軍など顕著であったが、近代的装備を備えた軍隊を有するに至っていた。しかしこの戦争において気づかれたことは、特に兵士の質の条件として、私的に雇われた兵士集団は容易に敵前逃亡するケースが多かったという事実である。そのような清朝側のあり様とのコントラストにおいて、既に国家主導の国民教育が浸透し、国民兵として養成されていた日本兵士のあり様の違いというものが強く意識されることになった。端的には、国家のために自らの命を賭すことを厭わない「主体」が求められるようになったのである。それまでの「洋務運動」とは、技術だけを西洋から移入すれば国家の本体はそのままでよいという発想であったが、新たに近代的な意味における国民的精神そのものを涵養する必要が意識され、体制の中心的思想の変革も含めた改革志向が浮上することとなった。

　そういった一つの頂点を為すのが、1898年〜1899年に起こった変法自強運動と呼ばれる体制内改革運動で、光緒帝への上奏という形で改革案が提示され、その改革案のいくつかが実行されようとしていた。しかし、この動きは100日あまりで保守派の西太后によって弾圧され、改革を先導せんとして動いていた人士たちは、ことごとく処刑されるか国外逃亡を余儀なくされることとなった。この時の改革を思想的に主導していた人物が康有為である。康有為は広東

の人で、仏教や老荘思想も含んだところで幅広く儒教思想を身に付けていたと同時に、西洋の学問にも関心を持ち、清朝改革のための上奏文を書くに至った人物である。彼の発想にも、実は国民精神の萌芽を作り出すための様々なアイディアがあった。たとえばその一つに、西洋社会においてキリスト教が近代精神醸成の下地となっていたことを鑑み（また日本における天皇の機能に着目し）、新たに儒教を国教化し、孔子を国家のイコンとすることなど、興味深いアイディアを有していた。

　この時期、先に述べたように「洋務運動」は既に盛んとなっており、理工系の学問は広く普及する段階に至っていたが、その一方、人文方面に関して言えば、独特の過渡期の風景があった。先の康有為などの思想傾向にみられるように、国民国家の形成が目指される際にも、その思想資源としては伝統哲学が汎用されていたのである。このことなど、今からみるとこの清末時代の文化状況は、一時期には儒教ルネッサンスの色彩を帯びていたことが分かる。さらに変法自強運動は失敗に終わったものの、そこで提案されていたことは、実はこの後において徐々に清朝側において実現がはかられて行くのである。

　目立ったところでは、それは教育改革に焦点化されるもので、1905年、伝統的な官僚登用制度として存続していた科挙制度が廃止され、同時に西洋をモデルとした教育システムが徐々に整備されるようになって行く。すなわち、変法自強運動と呼ばれる動きそのものは弾圧される一方、その必要性は、既に弾圧した側にとっても認識されていたことになる。中国の政治のメカニズムは、時にこのような動きを生じさせることがある。ある政治的なイシューにかかわって権力闘争が発生し、片方が弾圧されたり排除されたりしても、数年後には、弾圧や排除の憂き目に遭った側の主張が反映され

ている事績が実は多い、ということである。日清戦争が敗北して終わった後で目指された改革（変法自強運動）であったが、その改革の挫折の後でも継続してみられた現象として、教育制度の中身に関して、実に欧米や日本の学校教育制度が取り入れられようとしたこと、さらにこの時期には議会制を発足させる政治改革までが実際の議論の俎上に乗せられていたのである。

しかし、中国内外の状況は、緩慢な制度改革では収まらないほどの緊急性をやがて帯びるようになって来ていた。海外列強のシンボルともみなされる宣教師に対する反発から、民衆規模での反乱が頻発するようになり、1900年には山東省から北京にかけて宗教結社によって先導された自然発生的な、義和団事件が勃発することになる。

その際、清朝政府は当初は慎重な対応を示していたが、過激な攘夷運動を展開する義和団への公的な支持を表明するという選択の失敗を冒すことで、むしろ西洋列強のさらなる侵略を招く結果となった。ここにおいて清朝の弱体化は、目を覆うほどの危険度に向かって行く中、体制「改革」への志向はむしろ急速に萎んでいくことになる。変法自強運動の挫折から義和団事件を経て、別の新たな政治的志向性が中国内外において促進されることとなった。それは、清朝そのものの排除を目指した革命派の台頭である。

●漢民族ナショナリズムの興隆と衰退

革命派は、清朝そのものの打倒を目標として掲げるわけで、その意味からも、革命の目的を正当化する理屈が必要となっていた。この時期、清朝を倒す革命運動が依って立つ最大の論理が、清朝＝満州人を中華の外側に位置する夷狄（中華文明の感化を受けてない人々）とみなすことであった。そこでこの時期に強まったのが、いわゆる

漢民族ナショナリズムであった。実際、辛亥革命に力のあった思想家である章炳麟や、辛亥革命の立役者となった孫文など、彼らのこの時期の主張には「排満興漢(満を排して漢を興す)」、あるいは満州人の政権に対して「駆除韃虜(異族駆除)」といったスローガンが垣間見られる。ここでの「韃」とは、タタール人という意味であるが、転用されてモンゴル人や満州人のことを指す蔑称となっていた。明らかにここにおいては、華夷思想の論理が厳しく貫徹しているわけだが、興味深いのは、こういった漢民族ナショナリズムがどのように強化され、そしてその後どうなったかである。

　注意深くみてみると、漢民族ナショナリズムを強く主張するようになった革命派は、特に中国大陸の外側に亡命した人々であった——このことは注目すべき点である。辛亥革命以前、当時は自分たちについて「清国人」という言い方が主流であったが、さらに現代的な「チャイナ」の意味を込めて「支那人」も用いられ、また徐々に「中国人」という呼称も出始めていたところであった。状況的にみれば、やはり清朝の統治の不安定さがみえて来た時期にそうなっていく。そこで海外に出た革命派にとっては、特に「清国人」というカテゴリーを外在化する傾向が生じることとなる。そして章炳麟などの思想家たちは、中国古典の思想もさりながら、西洋および日本経由の人種主義的アイディアも取り入れて、漢民族なるまとまりと満州人政権を人種的に区別する思考法を深め広めるところとなった。

　ここで興味深いことは、中国古代伝説の皇帝である「黄帝」の子孫が漢民族である、などといった言説が日本に来ていた留学生の間で広がり、それが祖国に反射して行くあり様である。実のところ、こういった「黄帝」の子孫が漢民族であるといった言説の広がりは、日本の王政復古に刺激された側面も指摘でき、この頃の中国と日本との間の近代イメージの交換の一例として考えることができる。元

より中華における王朝の正統性は、儒学の系譜が正しく守られているかどうかにかかわる「道統(どうとう)」という概念を中心とするものであった。それが、ある種の生物学的な血統の方に傾いていたのがこの時期の時代潮流なのであった。そうした流れが大きくなり、「排満興漢」や「駆除韃虜」のスローガンのもと、清朝打倒のエネルギーは辛亥革命（1911年）へと結実することになる。

この時期、まさに世界的にも人種主義的な見方によって民族や国民を確定する考え方が流行し広がっていたことが大きい。また一つの背景となるのは、かつてモンゴル帝国がヨーロッパ社会を脅かしていた時代の余韻がヨーロッパ世界の中に潜在してあり、その武力の強さが本質的な残忍さや情け容赦のなさ、として表象されていた歴史イメージである。つまりこれは「黄禍論」と呼ばれるもので、モンゴル帝国の影に怯えていた過去のイメージであるが、この時にはむしろ海外に出ていた革命派の人々がその影響を受け、それを満州人に対して投影していたことになる。いわば漢民族を人種主義的なカテゴリーとしてみる見方を、一時期的には強調していたのである。

ただここからが問題であって、辛亥革命の後、漢民族ナショナリズムはどうなって行ったかである。興味深いことに、端的に言って、漢民族ナショナリズムと呼ばれるものは急速に後退するのである。中華民国成立の後で正式に承認される中華民族の主要な成分の中に、実は満州人も入ることになったのもその一例である。であるなら、辛亥革命以前の時期に流行したところの、人種主義的に漢民族と満州人とを区別する構えは、ある意味では、清朝を倒す革命のための一つの「方便」であった、ともみえてしまう。実際のところを述べるならば、この時期までに満州人と呼ばれる人々は、文化的にはほとんど中華の側へと同化を遂げており、ほとんど満州語自体

が話されなくなっていた。と同時に、中華文化の中に満州人の文化が逆に入り込んでいる、という事態も生じていた。

いわゆる私たちが知っているチャイナドレスと呼ばれる服装の特徴として、胸部の襟を斜めにピッタリと留めるあのスタイルがあるが、これは元々、満州人が馬に乗って活動していたことから、容易に風によって胸部が露わにならないための工夫であった。しかしこれを私たちは、チャイナ服と呼んでいるのである。ことほど左様に、実に清朝期を通じて、漢民族と満州人は、ほとんど区別がつかないまで交じり合ってしまっていたはずなのである。

ここから考えてみなければならないのは、中華文化と呼ばれるものの基本的なロジックである。今日の中国ナショナリズムが多分に中華文化の延長にあったとして、このロジックは元々ほとんど人種的には機能しないものであった、ということである。その意味でも、辛亥革命の前段階において流行した漢民族ナショナリズムは、革命のために引き寄せられた一つの暫定的な言説規範であったとも言えるのだ。

ここで整理が必要なのは、漢民族と中華民族との関係である。日本も含む西洋からみた場合に、中華民族は複数の民族を束ねるために考えられた虚構のようなものであり、一方の漢民族こそが実体として機能しているものだ、という考え方が根強い。しかしながら、事実は逆なのだ。漢民族が中華民族の中心部にあるという構図自体は、想定される通りでありながら、実に漢民族とそれ以外の周辺民族との間の溝を強調するならば、それは実態とはズレてしまうことになる。もちろん、中華民族という概念は、日本も含む列強の侵略と干渉に耐えるために強化された側面もありつつ、漢民族と他の諸民族が長い歴史の中で多くの移動も伴いながら「交渉」して来た歴史を前提とするものである。ひいては、漢民族以外の民族が中華の

王朝を担っていたという事実が決定的である。すなわち、中華王朝を担った異民族はむしろ文化的に漢化されつつあるプロセスに入っていた、という説明になるだろう。また必ずしも中華王朝を担当しなかったとしても、南部中国の少数民族にしても、長期間に渡って漢民族と対立も含みながらも共存し、その結果漢化される部分が広がっていた。そのような長期的なプロセスこそ、中華民族が一つの実体であることを裏付けるものなのである。

●中華民国の誕生の困難と五・四運動

さて1911年、辛亥革命によって清朝は倒された。しかし、この時から近代中国の国民形成は、むしろさらに大きな困難を抱えることになる。一時期、孫文が臨時大総統になるものの、北部中国と南部中国の分裂を防ぐため、清朝の廷臣であった軍閥の袁世凱を中華民国の新たな総統に据えるなど、孫文も含めた革命派は大きな妥協を余儀なくされる。結果として孫文は野に下り、再出発のための第二革命を企てるものの失敗——その結果、日本へと亡命することになる。一方、大総統に就任していた袁世凱は、時代を逆戻りさせるが如く1915年、自らを皇帝と名乗って帝政を始めようともしたが、しかし袁はあっさりと急折、帝政は取り消される。そしてさらに1917年、今度は清朝の廷臣であった張勲が再び、溥儀を担ぎ出して清朝を復活させる策動を企てるものの、この動きも結局は実力で抑え込まれることになった。

このように辛亥革命の後の中華民国は、歴史の逆戻りを思わせる不思議な事件が立て続けに発生、その近代国家建設の前途には暗い影が漂っていたことになる。このような時期の中国のあり様について、中国文学の父とも呼ばれる魯迅はかつてこのように語っていた。

民国元年のことを言いますと、あのころはたしかにずっと明るかった。当時、わたしはやはり南京の教育部にいましたが、中国の未来は希望に充ちていると感じました。むろん、そのときも劣悪分子はいましたけれど、いつも失敗していました。民国二年の第二革命が敗北してからしだいに悪くなり、どんどん悪くなっていまのような情況になってしまいました。しかし、これも新たに増えた悪さなのではなく、新しく塗ったペンキがすっかりはげおちて、もとのすがたがまたあらわれたということです。奴僕に家政をにぎらせたのですから、うまくいくわけがありません。最初の革命は排満だったから、たやすくできたのですが、その次の改革は、国民が自分の悪い根性を改革しなければならないので、それで、もうやろうとしなくなったのです。だから、今後もっとも大事なことは、国民性を改革することです。でなければ、専制であろうが共和であろうが、他のなんであろうが、看板はかえたけれども品物はもとのまま、というのはまったくだめです。（『両地書』一九二五年の手紙、『魯迅全集13』学習研究社、1985年、42〜43頁）

これは、1925年時点での魯迅の回想である。ほぼ10年前あたりの時期、すなわち五・四運動が起きる前の時期を振り返ったものだが、過不足なく当時の中国の困難のあり様を示しているように読める。ただこの間において、世界では第一次大戦が勃発しており、後にその余波を中国も深く受けていた。端的には、第一世界大戦の戦後処理の問題で、五・四運動の火種が植えつけられるのである。中国は陣営としては、勝利した連合国側に立っていたが、中国の山東省に進出していたドイツを日本が軍事的に駆逐したことから、日本はしばらく当地を軍事管理していた。このような状況において、日本は第一世界大戦の戦後処理のプロセスにおいて、秘密裏に中国軍

閥政府と交渉し、中国国内における利権を獲得せんと策動していた。米国の新聞がこの秘密交渉のプロセスを暴露したことから、日中の政府間の裏取引を批判し始まったのが、1919年のいわゆる五・四運動である。

さて最近ではあまり重視されなくなっているが、近年まで定着していた時期区分として、中国の場合にはアヘン戦争以降を「近代」と呼んでおり、そして五・四運動以降を「現代」と呼び習わしている——このことは一つの近代の中国を捉えるための糸口である（一方、日本では、明治維新から敗戦を経て、現在に到るまでモダニティの訳語として、あるいは大まかに明治維新以後の時間について「近代」を割り当てている）。中国の場合には、この「近代」から「現代」の切り替わりにおいて、つまり1919年の五・四運動を画期として重大な選択を行った、という見方が定着することになる。そして、中国の言葉の文脈では、広くモダン、あるいはモダニティは、ほぼ「現代」によって対応させることになっている。客観的にも、辛亥革命は旧来の統治体制としての清朝帝国からの決別を意味するのであって、それは制度的な転換を表すのだが、それに続く五・四運動は制度改革に対応するものとして後に発現する精神革命を専ら表示することになる。それが先の魯迅の言葉「最初の革命は、排満だったから、たやすくできたのですが、……今後もっとも大事なことは、国民性を改革することです」に言い表されているものである。その意味でも、中国において五・四運動以降に顕在化する「現代性（モダニティ）」は、精神的なものの内容を強調することが一般的となっている。

しかしそれは、単純な物質と精神の二元論で対処できるようなものでもない。「現代」は、初めから予定していたものではなく、まさに歴史的事件、あるいは歴史的事件を誘発するそれまでの予盾の蓄積の現れとみなし得るもので、その蓄積過程が、1911年から1919

年の間に進行したものとされる。先述したように、この期間は、第一次世界大戦においてヨーロッパが泥沼の状態に入っていた。その結果、それまで万能のものと信じられていた(ヨーロッパ)帝国主義の価値観が下落するとともに、この衝撃は様々な形で乱反射して行くこととなる。その余波から、いわゆるロシア革命が引き起こされただけでなく、先に述べたように、この戦後処理の交渉の中で日本が中国に対して「対華二十一カ条要求」(1915年)を持ち出すにも至った。これに対する反発が、学生のデモンストレーションから始まった五・四運動であった。日本の要求を受け入れようとした軍閥政府が厳しく批判され、この流れは学生運動に止まらず、上海の商店街なども巻き込んだ全国的なストライキ運動へと発展し、終に軍閥政府は日本の「対華二十一カ条要求」を白紙撤回するところまで追い込まれることになった。

ところで、この1919年という年は、インドでもガンジーを中心メンバーとする独立運動家によって第一次不服従運動が起きており、またエジプトでも、イギリス支配への抵抗を指し示すワフド党の反乱事件が起きている。さらに日本人にとって印象の深いところでは、朝鮮半島において日本の植民地支配からの脱却と民族独立を求めて、三・一独立運動が起きている。総じて、第一次大戦に影響を受けた植民地、半植民地地域は、帝国主義支配への反抗を旨とするところの、反帝ナショナリズムを世界同時的に発露させるのであり、この流れの中に紛れもなく中国も入ったということになる。

ここで中国に焦点を絞って考えてみた場合に、自分たちが目指すべき「現代(モダニティ)」は、まずもって反帝国主義という価値を有するもの、という考え方がこの時に定着したことになる。実のところ、この時点までの中国内部において、帝国主義へと成長することも一つの選択肢として考えられていた。それは日清戦争以来の文

脈で、富国強兵政策を採っていた日本を模倣し、日本のような形で強くなろうとした——そのような軌跡である。現に、当時の軍閥政権などでは、日本に亡命してその影響を受けて帰っており、日本に留学していた人物が主流に近いポジションを得ていたのである。しかしやはり、五・四運動によって流れが変わったと言える。すなわち、中国の「現代性（モダニティ）」は日本が採ったような路線を模倣せず、むしろ帝国主義勢力によって圧迫される側の地域の人々と手を取り合おうとする志向性である。

そして五・四運動は、先の魯迅の呼びかけにあったように「国民性の改造」という課題の必要性を意識したところから、学問体系の改革、言語の改革、社会制度の改革など、幅広い文化運動を伴う動きが大きな潮流となり、後には五・四新文化運動の時期と称せられるような時代を切り開くこととなる。具体的に言えば、普通教育の拡充、大学の設置、女性の社会進出、出版文化の興隆など、大きな視野で定義するならば、明らかに国民的コミュニケーションの広がりと深度が増した時代に突入することとなった。

またもう一点挙げるとすれば、ロシア革命の影響である。後の国共対立の構図から類推して、共産党はロシア（ソ連）からの影響を強く受け、国民党は英米が支援していたというイメージが残りやすいのだが、実はそうとは言えない。国民党もこの時期、深くソ連の影響を受け、党組織の改造に関して、ソ連方式を取り入れている。ソ連方式による党とは、まさに「党」こそが国家形成の先頭に立つあり様であって、急進的な国家形成に向け、経済分野についても党が指導権を握るあり方である。状況がそうさせたと言えるわけであるが、自然発生的なブルジョアジーの企業家精神の発露を待ってはいられないということであり、そこから出て来た政治家による議会での討論と熟議に時間を与えることはできない、という判断である。

この後の章で詳しく述べることになるが、列強による中国の分割、さらに日本による侵略など中国の国家としての危機が深まれば深まるほど、実はソ連式の党の利点が増すことになるのであり、その優位が証明されることにもなった。

●中国の近代化の特色

五・四運動の発生から既に100年が経とうとしている。中国における「現代性（モダニティ）」を考える上で、五・四運動の時期に孕まれた問題性を議論することは、やはり依然として振り返るのに値するものである。象徴的に言えば、外側から到来する様々な価値観を受け入れたり、批判したりしながらも、最終的に自らの価値観を作り出そうとする、そのような精神革命が必要であったし、そのような期間を経て現代中国が成立したということである。

たとえば、簡単に日本と比較するならば、中国においては今でも精神革命こそが近代化の元手となるものだという考えが根強い一方、日本においてはいかにスムーズに西洋が作った制度を日本の中に「移植」するかというテーマとして近代化が観念されて来た、ということになろう。これは、比較的に日本がそのような安定した国内状況を継続できたことにその要因があるとも言える。日本の近代化にとって鍵となる1860年代から1880年代まで、イギリスなどの列強は、インドや中国での植民地化に力を削がれ、日本に手を出す余裕がなかったことが一つの要件として挙げられる。比較的安定的に近代化を推進する時間が与えられていたと言えよう。さらに、日清戦争による賠償金の獲得も大きい。実に清朝の国家予算の3年分もの賠償金を日本は、近代工業化建設に振り向けることができた。近代日本における精神革命の一つの例は自由民権運動にあったと言え

るが、その可能性が消えて行くのも、実に日清戦争の後のことである。簡略化して申せば、精神的なものの変革がなくとも、戦争に勝てれば国家／社会は発展し得るものだ、という歴史経験がもたらされてしまったのである。そこで日本と中国の近代化における価値の置き所の差異として、結果として浮かび上がるのが「自主」という概念であるように思われる。

いずれにせよ、中国の近代を考えた場合に興味が惹かれるのは、中国においては近代的価値としての精神革命への傾きが強く、伝統否定に結び付いた経緯であり、しかしなおかつ興味深いのは、中国において伝統的なものはむしろ頑強に残り続けている今日の事態である。五・四運動の当時、実は伝統的価値と結びついたものとして漢字の廃止も考案されていた。これは文盲を失くすという、またもう一つの近代的な要求にも関連していたことではある。また一時期は、党や国家への求心力を高めるため、スローガンの上では家族観念を否定する言説も生まれていた。しかし改革開放を経た今日、儀礼的なものとしての儒教はほとんど形を留めていないものの、家族観や国家観など、儒教的なものの価値観は実は不変のままで、あるいは復活しているようにも観察される。

総じて、中国的において不変であったものを一つ取り出すとすると、それは官僚文化ではないかと思われる。それは長い統治の歴史から生まれた政治文化であり、これが「党」を媒介として、近代的なものへと生まれ変わったということになろう。この問題については、また後の章で詳述する。中国の近代化の特色を考える際に必要なことは、時代の要請として強いられた部分と、そしてその要請に応える原基としての中華文化の動態、この両方をみなければならないということである。

第2章　内戦と日中戦争、中華人民共和国成立まで

●ポスト五・四期、または国民革命

　辛亥革命の後、中華民国は誕生したものの、実態としては、幾つかの軍閥が中国の各地域を統治する状態に陥ることとなった。これは、各々の軍閥が独自の徴税システムを有しているもので、国家規模の制度改革などを阻害するものとして、人々の意識として、克服すべき最重要の課題と映るようになっていた。各軍閥の統治が国民国家形成にとって最も不利な点は、独自に自身の利害関係によって、日本も含む西洋帝国主義とも、経済的な領域も含め、有形無形の取引を行っていたことである。たとえば、帝政の復活を夢みた袁世凱が亡くなった後、北部中国を治めていた軍閥の段祺瑞が有名である。全国統一を目指す国民革命の最中において、段は1926年に日本が行った干渉的な軍事行動に対して、独自の利害関係から日本軍の活動に迎合的に振る舞っていた。そして、この行動に不満を持つ学生の抗議活動を暴力的に弾圧した三・一七事件が引き起こされることとなった。これなど、典型的な軍閥政治の弊害であり、結果としてこの時において全国民的規模で必要視されたのは、やはり統一された形態での民主的政府であった。

　当時、立憲体制による議会政治が一時期的にも試みられようとし

たものの、各軍閥が実質的な統治を執り行う状況において、当然ほとんど機能不全の状態に陥ることになった。ここにおいて、政治システムの側面からして、先に述べたように強力な中央政府を確立することが望まれるようになった。その意味からも、この時点において必要視されたのは、幅広い国民的参加をもって軍閥統治を打破していくべき革命型の「党」であった。いわずもがな、この要請にこたえて出てきたのが、孫文によって新たに改組された中国国民党であり、また革命ロシアの影響を受けた中国共産党（1921年結党）であった。先の章でも述べたように、国民党もまたソ連の影響を受け、組織改造を行っていたのである。

　この時期に出て来た革命政党の性格については、また後の第5章で「超級政党」という概念によって詳しく論じることにする。いずれにせよ、ここにおいて生じていた主要矛盾は、1910年代から1930年代にかけての中国の対外的な危機であり、さらにそれが内部における強い分裂の危機に転化していた事態である。一時期的には西ヨーロッパ型の議会政治がモデル視され、各地域からの代表者を選挙で選び、その代表者の議論によって国の方針を決める制度設定も追求されようともしていた。しかし、軍閥が徴税も含めた統治権を握っている状態では、このやり方では中国の危機は救えないことが自明視されるようになった。ところで、革命党の出現は、中国だけに限ったことではない。多くの後発近代国家の場合には、既に国民があってその国民が選ぶ政治思想の受け皿として政党が構成される、といったヨーロッパを基準にしたところでの順序が発生するはずもなかった。むしろ逆に、多くの後発近代国家においては、革命政党こそが国民形成の先導役として、特別の機能が付与されることとなった。

　このような発想に至った中国の経緯を遡ると、辛亥革命後、孫文

によって第二革命が謀られるもそれが失敗に帰した——その他原因を探る中で、国家の機能と党の機能を弁別し得なかったことが反省されることとなった。近代的な法を内面化した国民がいまだ生成してない中国においては、国家と大衆の間に是非ともそれを繋ぐための「装置」がなければならなかった。それが急進的な国家形成としての革命を推進する「党」である。国家形成の軸として革命党が起たねばならず、またその革命党こそ国民形成のためのひな型となるものだ、と孫文は考えた。

孫文が以上のような考え方を持つに至ったのが大体1920年前後であったことは、やはり世界史的な文脈から考えてみなければならないことである。つまりこのような考え方は、1917年のロシア革命の「成功」から出て来たものと言える。先にも述べたように、この同時期の1921年の上海において、今度は正式にソ連関係者の立ち合いのもとで、中国共産党が発足することになっていた。このような経緯からも分かるように、実に（1920年代に改組された）中国国民党と中国共産党はいずれも、当時の議会政党が持つ危機対処能力の欠如を克服する要請をもって誕生したことになる。この文脈を押さえなければ、やはりなぜ現在においても、中国が西側諸国によって範例とされている（議会）複数政党システムの導入に踏み切り難いのかが理解できないだろう。中国における革命政党の出現は、むしろ西欧型の複数政党制を克服するものとして現れたという経緯を観察する必要がある。

話を元に戻す。五・四運動後の時代、都市部においては、国民的コミュニケーションの成熟が進行していく半面で、辛亥革命以来の軍閥割拠の状態が引き続いていた。議会主義政党の無力に直面し、国民党、共産党とも、より強力な中央政府の成立を望む気運の中で、国家統一の軍事行動も含んだ共同の行動として、1926年7月か

らの期間、国民革命(中国ではまた大革命とも呼ばれる)という熱気を帯びた政治行動が推進されることとなった。この「国民革命」はまた、「北伐」という各軍閥を平定する軍事行動も含むものであるが、同時に地方においては、「土地改革」も含んだところでの農村部における民主主義革命も推進されるものであった。この国民革命の内的ロジックを整理するには、前者の「北伐」とそして「土地改革」との関連を述べなければならない。

　まず「北伐」の前提として、1924年、広東には黄埔軍官学校という軍人養成学校が設立されることになるが、これがいわゆる「北伐」の拠点となる。この時期同時に、国民党は広東に新政府を発足させている。この期間において、国民党と共産党は、協定を結んだ合作関係を進めており、この軍官学校でも、国共両方の人材から優秀な軍人や活動家を育てるべく協力関係が形成されていた。さらにこの学校の軍事思想、軍事技術に関して、ソ連からの大きな援助を受けていたことも指摘しておくべきであろう。ちなみに、これに至るプロセスにおいて、国民党それ自体の改組があったが、それもソ連共産党の党組織を模倣したものなのであった。この時期、中国全体として国民国家形成のためのモデルとしてソ連が有力な参照先となっていたこと、またこの参照の枠組みがずっとこの後も延長されていたことなど、やはり強調しておかねばならないことである。

　いずれにせよ、この軍事方面での強化の目的は、通常の国防もさりながら主には、先に述べたように、各軍閥を平定する「北伐」に資するものであったことになる。この「北伐」は、軍事行動によって各軍閥を平定していくプロセスを指すわけだが、より上位の呼び名としてこれらの時期の運動をなぜまた「国民革命」と呼ぶのかというと、軍閥を平定し国家を統一するためにも、軍閥の財政的基盤たる地主制度を解体することがこの時期求められた政治実践であっ

たからだ。後の共産党のリーダーとなって行く毛沢東も、この時期には国民党員の党籍を持ちながら、広東において農民講習所に所属し、地主の力を削ぐための農民運動を指導し、自作農を創出させる土地改革を推進していた。一見して土地改革は、共産党の専売特許のようにみられがちであるが、国民革命期間においては国共の合作下にそれが進められていたことがポイントである。孫文が亡くなるのは、1925年3月のことであるが、彼が著した『三民主義』の中の「民生主義」にも、実ははっきりと土地改革の必要が謳われており、この国民革命の期間は、その思想が実現されようとした、ということになる。

しかしこういったプロセスが、寸断されることとなった。1927年の4月、国民党内部において共産党との合作にかねてから反対の意志を持っていた蔣介石などが、上海、広州などにおいて、共産党員の逮捕と粛清を断行することになる。このプロセスは、反共クーデタとも、蔣介石クーデタとも呼ばれ、それまで続いていた国共合作がこれをもって終焉を迎えることになった。この後、いわゆる「北伐」自身は、蔣介石によって継続して推進されて行く。東北部を統治していた軍閥・張作霖が爆死し、形式の上で1928年6月、「北伐」は完了することとなった。一方この間、国共合作に前向きであった汪兆銘らの国民党左派は、蔣介石クーデタに先んじて武漢に拠点を移し政府組織を発足させていたのだが、クーデタの発生とともに政府内部に動揺が走り、武漢政府は結局のところ崩壊し、結果として多くの部分が蔣介石の南京政府へと吸収されることになった。

では、もう一方の共産党はどうなったのか。都市部における組織は弱体化するものの、北伐軍の一部を為していた共産党指導下の軍隊が反共クーデタを受け、己の拠点を構築すべく、江西省の都市・南昌を攻略せんとしたが、結局は失敗する。しかしこの後、共産党

は、国民党政権の勢力が手薄な地方を拠点とする根拠地運動を展開、各地に地方ソヴィエト政権を樹立し、国民党政権との長い対峙関係を続けていくことになる。形式的にはほぼ「北伐」を完成させていた蒋介石は、以後1930年より、数次の軍の派遣を行い、共産党の根拠地を消滅させようとしたのであるが、この軍事行動は中々成功をみることがなかった。その要因は、形式的には「北伐」を完了した後、各軍閥が蒋介石に対して形式的には恭順を誓っていたものの、実際には軍閥体制がそのまま温存され、お互いに足を引っ張り合っていたからである。

　共産党の最大の根拠地は、江西省から福建省に跨る地域であるが、ここに毛沢東が主席となった瑞金ソヴィエト政権が1931年に発足、数度の蒋介石軍の猛攻に耐えていた。しかし終に1934年10月、蒋介石の最後の攻撃に遭って、毛沢東はこの拠点を後にして、いわゆる「長征」に打って出ることになる。共産党は初期の段階から数えると、実に7年余りの間、先に述べた地方政権を保守し続けたことになる。

●毛沢東の根拠地運動

　1927年の根拠地運動から「長征」までの期間、共産党側からする中国革命の文脈において、この時期は「土地革命戦争」期と呼ばれている。この期間の闘争において、まさに中国共産党は、毛沢東の指導の下その独自色を確立したことになる。実に、そこでの実践の大半は、中共の中央（当時は上海にあった）、さらにソ連の指導から相対的に独立した方針によって進めたものであった。毛は既に1928年の段階で、自身の運動の経験から根拠地運動論を定式化しつつあったが、それを代表するのが「中国の赤色政権はなぜ存続するこ

とができるか」(1928年) という題名で知られる文章である。

　この論文の中で毛は、今有効な闘いは、中共主流派が志向する都市攻略ではなく、逆に地方や辺境での根拠地建設に力を注ぐことだとした。緩やかな土地改革を実行することで、一般的な農民だけでなく、むしろこちら側に従う地主層をも取り込もうとした。この文章は、なぜ複数の赤色政権が周囲を白色政権に取り囲まれながら長期的に存続出来ているのかについて、その歴史的要因を以下のように解説している（ここで語られている白色政権とは蔣介石派のことを指す）。

　第一に、こうしたことは、どの帝国主義国にも、また帝国主義が直接に支配しているどの植民地にもおこりえないが、帝国主義が間接に支配している、経済的におくれた半植民地の中国では、必然的に起こるのである。なぜなら、このような不思議な現象は、かならず白色政権のあいだの戦争というもう一つの不思議な現象とむすびついているからである。帝国主義と国内の買弁・豪紳階級の支持している新旧軍閥の各派は、民国元年以来、たがいにたえまのない戦争をつづけている。……このような現象のうまれた原因は二つある。すなわち、地方的な農業経済（統一された資本主義ではない）、および勢力範囲を分割する帝国主義の分裂と搾取の政策である。白色政権のあいだに長期にわたる分裂と戦争があるので、共産党の指導する一つの小さな、あるいはいくつかの小さな赤色地域が、周囲を白色政権にとりかこまれながら発生し、もちこたえていける一つの条件がうまれている。（毛沢東「中国の赤色政権はなぜ存続することができるか」初出：1928年10月5日、『毛沢東選集　第1巻』外文出版社、1968年、77～78頁）

ここに、毛沢東の根拠地理論の基本的モチーフが十全に語られている。なぜ根拠地が持ちこたえているのかについて、まさに中国が資本経済として停滞し、いまだ中央集権的な国民経済が発展しておらず、さらに列強支配を間接的に受けて主権が不安定になっており、そのためまた蔣介石派も含めた軍閥がお互いに足を引っ張り合っているからだ、と冷静に指摘している。そして翌年に出された論文「党内のあやまった思想について」(1929年12月)は、さらに毛沢東の革命理論における核心的な作用というもの、つまり根拠地ゲリラ戦において必要な「整頓(教育)」を定式化している。「整頓」とは、戦闘の狭間において軍隊兵士一人一人に施す休養、さらにその期間中の宣伝と教育活動を意味するものであった。

　これは明らかに、国民党軍が装備や兵器の上では充実しながら、結果的には旧軍閥方式の軍事組織を温存したこととは対照的な共産党の紅軍の発明したところであった。つまり、国民党軍は、近代的装備では明らかに紅軍に対して優勢を占めていたにもかかわらず、「教育」という側面においてこの時、紅軍に対して劣っていたと言える。そして国民党軍では、軍規の乱れと志気の低下を慢性的に抱えるところとなっていた。この優劣は、明らかに国民形成という当時のモダニティの核心部分に触れる思想課題、つまり「教育」の重要性を反映していると言える。以下に示すのは、共産党の紅軍が内部規範として整理した「三大規律・八項注意」の内容である。この時期の共産党が根拠地運動を展開するにあたって、農民を味方に引きつけるかがいかに重要であったかを物語っている。

〈紅軍の三大規律・八項注意〉
1、命令には敏速に服従する。2、農民からは針一本取ってはならない。3、敵や地主から没収したものはすべて公のものとする。

1、言葉づかいは穏やかに。2、買物は公正に。3、借りたものは返す。4、壊したものは弁償する。5、人を殴ったり罵ったりしない。6、農作物を荒らさない。7、婦人に淫らなことをしない。8、捕虜をいじめない。

以上に示されたような内容を伝達し教育し定着させる制度概念が、つまり「整頓(教育)」であったわけだが、さらに解説すると、実は大枠の方向として、「教育」はかつての黄埔軍官学校でも重視されていたことでもあった。黄埔軍官学校は、単に技術としての軍事を教えるだけでなく、戦争における戦略と戦術をマネージメントする方法、つまり軍事における「政治」の次元を重視するものであったからだ。そこでは「党」が派遣する政治工作員が、実際に軍人よりも上位に設定され、政治工作員による「教育」と「宣伝」の活動が重視されるのであったのだ。その意味では、共産党側の方が黄埔軍官学校において強調されていた原則が守られていた、ということになるだろう。

すなわち、何度も毛沢東が述べていたのは、共産党軍は単なる戦争の道具であってはならない、ということであった。兵士・党員を教育し、農民大衆に向け宣伝し、その協力を得て根拠地を建設すること、すなわち紅軍は「大衆を組織し、武装化し、革命政権の樹立」を目指さねばならない軍隊であった。総じて中国革命の進展と挫折は、根拠地建設、地方赤色政権の樹立という興味深い闘争形態を産み出したわけだが、その方針はまさにこの「整頓」──つまり根拠地において「教育」と「宣伝」を根幹に据えるものとして確立されたのであった。

そしてもう一点、この「土地革命戦争」の期間において重要な意味を持つのが、毛沢東がマルクス主義から学んだところの階級概念

を刷新したことであった。つまり先ほどの「整頓（教育）」は、結局のところ何を生み出したかというと、身分を超えた新たな「階級結合」であったと言える。紅軍の中に集まって来ていたのは、主に元インテリであった幹部（政治工作員）であり、また兵士として志願して来た労働者であり、また農家の次男坊であり、黒社会（流通業を含む曖昧な人材、日本語の語感としてはヤクザ社会）の人間であった。これらの人々は、出身階層が別々であるわけだが、根拠地運動とゲリラ戦を通じて、新たな結合を果たして行くこととなった。

一つの憶測として、共産党は階級政治を実践し、階級の別をはっきりさせるべく政治闘争を行ったとみられている、が、詳しくみるならば、少なくともこの時期においては、むしろ「階級結合」が主眼とされていたわけである。共産党が行なってきた階級政治に関して、時期や目的によって実は異なっていたという、客観的な評価が与えられるべきであろう。

●日中戦争の持つ意味

日中戦争の始まりを満州事変の1931年9月におくのか、それとも盧溝橋事件以降の衝突、つまり1937年7月からの全面戦争におくのかは、意見の分かれるところである。長らく戦後日本においては、満州事変以降の流れを侵略総体として「十五年戦争」という呼び方が一般的であった。ただ中国側に関しては、十五年戦争として日中戦争を考える習慣は少なく、「抗戦八年」という呼び方が一般的であり、盧溝橋事件以降の文脈を重んじることになる。

果たしてこれは何故なのか。簡単に言えば、満州事変からの数年間、中国では日本との対峙関係に対して、蔣介石の国民党政権が抗日活動に積極的ではなく、むしろ共産党の掃蕩作戦に力を入れてい

たからである。盧溝橋事件以降の抗日戦争は、その前年からの第二次国共合作という配置が成立することによって、にわかに中国ナショナリズムにとってポジティブな意味を持つことになった。これが「抗日八年」を重視する理由である。

振り返ってみれば、この1937年からのプロセスは、国共いずれにせよ日本との間で多くの戦役と戦闘、そして住民も巻き込んだゲリラ戦が行われており、この時期の記憶とイメージは、やはりこの後の中国ナショナリズムにとっての核心的部分となっていく。ただ一方で、この祖国防衛戦争の期間の中で、どういった側面を強調するのかについて、やはり力点の移動というものも確認できる。それはたとえば、南京虐殺をめぐる問題である。市民も含む多数の犠牲者が出たことは間違いないところの南京事件にしても、後の人民共和国がこれを大きく取り上げ始めたのは、1980年代に入ってからである。というのは、虐殺が行われた時期、南京を首都としていたのは蔣介石が率いていた国民党政権であり、ある意味では南京に関しては共産党の関与は低いといえば低いわけである。また当時の南京事件にかかわって存在すべき歴史資料も、多くは中華民国政府が所有しているものであり、それは現在、台湾の台北(タイペイ)において保存されていることになっている。

このような意味からも、やはり当時の中国全体としては、蔣介石の国民党政権が祖国防衛戦争の大きな局面に立っており、またその責任を負っていたことになる。こういったことから、現在の中華人民共和国において、特に南京事件に関しては、当時の政権(蔣介石一派)に力がなかったから、という説明原理も引き続き用いられている。また一方、当時の共産党側にしても、華北地方を中心にして日本軍とは何度か大規模な戦役を戦っており、やはり日本との戦争は重要な記憶資源となっている。

その中でも、国民党との比較として興味深いのは、この時期から共産党の指導権を握ることになった毛沢東が、この戦争の意味をめぐって、一通りの理論（革命戦争論）を発案していたことである。それはたとえば、彼の著作では、「持久戦について」という論文で知られるところのものである。

日本は小国で、土地もせまく、物産も少なく、人口も少なく、兵力も少ないが、中国は大国で、土地もひろく、物産も豊かで、人口も多く、兵力も多いという条件があり、そこから強弱の対比のほかに、さらに小国、退歩、援助が少ないということと、大国、進歩、援助が多いということとの対比がでてくる。これが中国のけっして滅びることのない根拠である。強弱の対比によって、日本は中国で一定期間、一定程度横暴にふるまうことができ、中国はどうしても一時苦難の道を歩まねばならないこと、抗日戦争が速決戦ではなくて、持久戦であることが規定されるが、しかし、また小国、退歩、援助が少ないということと大国、進歩、援助が多いということの対比によって、日本はいつまでも横暴にふるまうことはできず、かならず最後の失敗をなめ、中国は決して滅びることがなく、かならず最後の勝利を得ることが規定される。
（毛沢東「持久戦について」初出：1936年5月、『毛沢東選集　第2巻』外文出版、1968年、162頁）

ここからうかがわれるのは、中国の伝統的発想たる陰陽の構図を介した物事の見方である。文字の読める中国人であるなら、ほぼ100パーセント理解できる仕組みになっている。これこそ、毛沢東によって為された古典の活用であり、またその革新であったと言えるかもしれない。しかしこのことと矛盾せず、毛の言葉は、最も効

率性の高い動員のために研ぎ澄まされた戦略としてあった、ということである。

　そこで立ち止まって考えたいのは、日本という敵と「我」との関係を志向したこの戦争理論には、今日あるようなナショナリズムとどのような関係にあるか、ということである。この時点での毛沢東に代表される共産党の政治リーダーたちにとっては、プラグマティックな意味でいかに祖国防衛戦争に勝利できるかどうかが全てであった。その意味では、日本との関係に特化してナショナリズムが煽られる、という関係構造にはなかった。特にここで指摘したいのは、やはり中国と日本では、全くと言ってよいほどの違いが戦争観にかかわって観察されるということである。その核心部分がまた「持久戦について」の別の個所で出て来るので、それをみてみよう。

　　このようにみてくると、日本は軍事力、経済力、政治組織力は強いが、その戦争は退歩的で野蛮であり、人力、物力も不十分で、国際関係でも不利な立場におかれている。反対に、中国は軍事力、経済力、政治組織力は弱いが、まさに進歩の時代にあり、その戦争は進歩的で正義のものであり、そのうえ、持久戦を十分にささえうる大国という条件をもっており、世界の多数の国ぐにも中国を援助するであろう。(前掲書、158頁)

前に提示した文章と同様に、陰陽のコントラストによる効果的な叙述となっているが、ここで注目すべきは、まずそこで選ばれている語彙である。「退歩」／「進歩」、「野蛮」／「正義」といった価値軸がそこに配置されているわけだが、そこで根本的な問題は、戦争には正義の戦争と退歩的な戦争 (つまり不正義の戦争) がある、という日本では明確化されていない認識である。

これは、まさに戦後日本の平和教育との比較において、興味深い論点を形成することになるだろう。つまり、第二次世界大戦において敗北した日本は、その後の戦後の平和教育の中で、あらゆる戦争は悪である、と教えることになる（ただその一方で、日本政府は米国が発動した戦争に反対したことはない）。その一方、中国の公教育において、あらゆる戦争に反対する、という主張は存在しない。端的に、戦争には正義の戦争と不正義の戦争がある、という教え方となっている。ただそこで、何が正義で何が不正義であるのか、という問題については、その底流として反帝国主義ナショナリズムの記憶があって、その価値基準が存在していると一応はみなすことができよう。

さらにこの規定は、変形された上でも持続していると考えられる。後の朝鮮戦争への参戦の場合には、米国を帝国主義とみなしたわけであり、朝鮮の独立を支援するための正義の援助として位置づけられるのであった。また、ソ連と激しく対立していた時代においても、中国はソ連に対して「修正主義」として批難する以外にも「ソ連社会帝国主義」というレッテルを使用していた。いずれにせよ「帝国主義」という概念には、倫理的な価値観が浸透されているのである。さらに1979年の中越戦争の時点での戦争の理由であるが、これに関しても、主にベトナムがソ連の勢力下においてカンボジア内戦にかかわっていたことへの反発であり、ベトナムをソ連社会帝国主義の「手先」とみなす論理構造があった。

これまでみて来たように、共産党の抗日戦争期に形成された価値判断を含んだ戦争観、またそれとは裏腹の平和観は、一定の持続をみせながらも、状況に応じた変形を来(きた)しながら、基本的には現在まで持続しているものと考えられる。ただいずれにせよ、かつての日本（軍）は中国の領内に深く食い込み、そこで多くの非戦闘員住民

を巻き込んだ史実に変わりはない。そのため、祖国防衛戦争に耐え抜き、そして第二次世界大戦の勝者となった歴史経験は、やはり戦争にかかわる正義、不正義の認定を為し得る主体として自らを認める、という今日までのあり様を強く規定して来たという他ない。

　そしてもう一点補いたいのは、毛沢東が既に「持久戦について」で語っていたことで、日本によってボロボロにされている状態にあっても自らを「大国」とみなしていた観点である。中国を「大国」としてみることは、2000年代以降に始まったことではない、ということになる。このこともまた後の第6章で補っておきたい。

●人民共和国の成立と朝鮮戦争

　第二次世界大戦後に再び開始された国共の内戦は、共産党側の勝利に終わり、1949年10月、共産党の首席・毛沢東によって中華人民共和国の建国が宣言されるに至る。問題となるのは、この時点での国家構想が、この翌年に勃発する朝鮮戦争への参加によって変更されてしまうことである。朝鮮戦争に入るまでの毛沢東も含めた政治リーダーたちの国家構想は「新民主主義」と呼ばれるもので（最終的にはプロレタリア民主が実践されるという意味で）、一定の段階まで、小型の民族ブルジョアジーや商工業者の存在というもの、また土地を所有する農民の存在を許すものであった。すなわち、この当初の「新民主主義」の路線では、朝鮮戦争以降に強まることになる、すべての産業の国有化、また農業の集団化などは想定されていなかった。こういった朝鮮戦争前後の路線の変更は、当時の文脈では、要するに新たに始まるであろう対米戦争に備えるための上からの急激な戦争準備経済の推進であった。いずれにせよ、この朝鮮戦争は、人民共和国に大きな影響を及ぼしたものであり、その内容を少しで

もトレースしておきたい。

まず大前提として、人民共和国の朝鮮戦争への参戦は、いわゆる国連軍という名義の米軍の仁川(インチョン)上陸以降の文脈によって決定されたものであり、米国の関与がなければ中国側の参戦はなかったものと考えてよいであろう。米国の朝鮮戦争への関与の方向性とその影響は、以下のトルーマンの声明「朝鮮問題に関するトルーマン大統領の声明」(1950年6月27日)によって十全に表現されている。

　朝鮮に対する攻撃は、共産主義が独立国を征服するために転覆手段に訴える範囲を越えて、今や武力侵略と戦争に訴えようとしていることを疑う余地のないまでに明らかにしている。それは、国連安全保障理事会が国際間の平和と安全を保つために出した命令に反抗している。こういった状況の下で、共産軍による台湾の占領は、太平洋地域の安全及び同地域で公法的な、しかも必要な職務を遂行しているアメリカ軍部隊に直接的な脅威を与えることになろう。このため私は、台湾に対するどのような攻撃をも阻止するよう第七艦隊に命令した。……

　台湾の将来の地位の決定は、太平洋における安全の回復、対日平和条約の調印または国連の考慮を待たなければならない。
(Documents on American Forerin Relations. Vol. XⅡ, 1950、伊原吉之助『台湾の政治改革年表・覚書(1943-1987)』帝塚山大学教養学部紀要31巻、1992年より)

　一方、中国による朝鮮戦争への参戦は歴史の自然な流れであったというよりも、極めて高度な政治的判断によるものであった。人民志願軍の投入は、朝鮮側(金日成(キムイルソン))のスターリンへの要請により、人民共和国側(主に周恩来(しゅうおんらい))とモスクワとの長い協議により決定された

ものである。当初は、林彪など中国側の首脳部内においても慎重論が強かったのだが、毛沢東が慎重論を制し、最終的に参戦を決定した。そして結果的に、米軍をともかくも38度線にまで押し戻したことが、中国の社会主義圏における地位の向上と、毛沢東の権威化に寄与したと考えられる。

ただその反面として、中華人民共和国が失ったものも大きかったと言える。人民共和国の朝鮮戦争への関与は、国共内戦の仕上げ段階としての「台湾解放」の放棄と引き換えになされたという見解があるが、それもかなりの程度妥当性を持つ。上述のトルーマンの声明でも明らかなように、朝鮮戦争の勃発からすぐに米国太平洋第七艦隊が台湾海峡に入り、そしてこの反共防衛ラインが固定化された。さらに、それまで「台湾解放」の主力部隊と考えられていた中国東南部沿海地域の大量の部隊（主に第三野戦軍を中心とする数十万）が東北部へと引き抜かれ、東北部および朝鮮半島へと移動を余儀なくされる。結果として中国は、休戦協定ラインとなる38度線まで米軍を押し返したことになる。この一連の出来事をまとめるならば、人民共和国は、この戦争の結果、台湾の代わりに38度線以北から鴨緑江までの「干渉地帯」を手に入れたという言い方が成り立つのである。

さらに複雑な朝鮮戦争にかかわる副産物として、「核」政治という次元が絡まりあって来ることになる。その前提として、現在は、朝鮮戦争の休戦状態にあるわけだが、それを私たちは東アジアにおける（後期）冷戦状態と呼んでいる。ここで忘れてはならないことは、この東アジアの冷戦状態とは、周知のとおり（マッカーサーによって提案されたものの）トルーマンが原爆の投下を断念したことから始まる歴史的サイクルだ、ということである。言い換えると、中華人民共和国は（そしてもちろん朝鮮半島は）、核兵器を使用されると

いう恐怖感から逃れられず、そして自ら核兵器を開発しなければならない、という意志をそこにおいて育てることになったということである。

ここにおいて考えなければならないことは、既に現在の中国は「核」を保有しており、その立場から国際政治に臨んでいる、という事実である。「核」を保有した段階から、やはり国際社会における自らの発言力は強まった、と人民共和国は感じている。「核」を保有してしまったこと、保有していることにかかわる安全保障の感覚の変化は、やはり重大なことで、結果として中国人のナショナリズムの質を隠れた次元で再編させたと考えるべきであろう。

●ポスト朝鮮戦争の政治とその転換

前節で述べたように、人民共和国は朝鮮戦争の結果として、それまでの建国と社会主義建設の方針を著しく換えてしまった。つまり、ゆるやかなスピードで社会主義国家を生み出すプロセスとしての「新民主主義」路線が事実上放棄されたということである。それに代わって採用されたのは、急速な軍事工業化路線を推進するための施策であった。それは一般的に、「過渡期の総路線」と呼ばれるもので、農業部門を集団化し、手工業者、小商工業者をも国有化／公有化すること——いわゆる市場経済領域を失くすことであった。毛沢東は1953年12月に報告した「革命的変化と党の過渡期における総路線」において、以下のように述べている。

中華人民共和国が成立してから社会主義改造が基本的に完成するまで、これは一つの過渡期である。党のこの過渡期における総路線と総任務は、この長い期間において、順を追って、国家の社会

主義工業化を実現することであり、また国家の農業に対する、手工業に対する、資本主義的工商業に対する社会主義改造を施すことである。この総路線は、我々の各任務を照らすライトであり、各任務がそこから外れるなら、右傾や左傾の誤りを冒すことになる。(『毛沢東文集 第6巻』人民出版社、1996年、316頁、翻訳：丸川哲史)

この文章の中において、「順を追って」と述べられているわけだが、実際のところは党や国家からの一方的な、上からの指導が貫徹されたのである。また、農業の合作化に関しても、毛沢東は報告「農業合作化の問題について」(1955年7月)において、以下のように述べている。

　全国の農村には、新たな社会主義大衆運動の高まりが訪れようとしている。だが我々の同志の一部は、纏足した女のようにふらふら歩きながら、回りの人間に向けて「はやすぎる、はやすぎる」と言っている。そして、余計な品定めや、的外れな恨み言、きりのない心配、数えきれない規定や戒律、こういったものが農村を指導する社会主義大衆運動の方針だと思っている。
　違うのだ。これは正しい方針ではない、間違ったものだ。
　目下の農村の合作化という社会改革の高まりは、既にある地方では始まっており、全国でも始まるだろう。これは五億余りの人口の大規模な社会主義の革命運動であり、極めて大きな世界的意義を持っている。我々は積極的に、情熱を込めて、計画的にこの運動を指導すべきであって、様々な方法でこの運動を後退させてはならない。(前掲書、418頁、翻訳：丸川哲史)

こういった内容が実際に意味していたのは、全社会から重点的に都市重工業に原資を移転させるために、特に農村を犠牲にするしかなかったということである。いずれにせよ、この時の中国において、他から持ち出して来る資源や富は全く存在しなかったのである。まず農民を一時期的に都市に動員して工業プラントを建設させ、また彼らをすぐさま農村に引き戻す——このような施策を行った。また、このようなプロセスと同時に、農村において低く価格を設定された農産物と都市で生産された高価な工業製品に対して厳しい統制を行い、両者の交換によって発生する差額をまた重工業建設の原資へと振り向ける——このような交換過程を制度化したのである。このような施策について、農村を起点にして観察すると、以下のようになるだろう。

人民共和国の発足直後においては、各農戸への均等な土地の分配を実施したものの、朝鮮戦争が停戦となった後の合作化の施策において、それらの土地をまた国の下へと再度召し上げる「集団化」が行なわれた。こういった農業の集団化のプロセスは、当時の文脈では農民たちを幸せにする画期的な政策として、全面的に肯定的に宣伝されていたものであった。しかし純粋な経済学的観点から観察するならば、当時行われていたことは、農村からの「搾取」であることは明白なのである（ちなみに、経済学の観点からは中世的な「収奪」とは呼べないものである）。

いずれにせよ、文革の終了まで、1960年代の前半において、劉少奇や鄧小平が一時期的に市場経済領域を復活させたのであるが、基本的な経済ロジックとして、それは認められなかったのである。それに加えて、今日の中国においてもしばしば議論されることになる農村戸籍と都市戸籍の別というものが、この時期の農業の集団化において強固なものとなった。ただここで忘れてはならないのは、

ここでのキーポイント、つまり朝鮮戦争後の政治において目指されていたものは、全ては（防衛）戦争の準備のためのものであり、国家による産業構造への全面的な介入と改造の必要性にあった、ということである。

　だからこそ、ここで気づくのは、この20数年後、中国が文革期から改革開放へと舵を切った時の幾つかの重大な政策変更について、これらも全て戦争にかかわる国家経済の転換であったと考えられることである。改革開放による政策変更とは、たとえば、第一に農業部門の経済市場化であり、第二に一人っ子政策の実施であり、また第三に米国との国交の樹立である。すべてこれらの政策変更は、1970年代の後半に集中するのだが、この三つに共通する政策の背景となるのは、大規模な戦争（の準備）はもはや想定しないという基本ロジックの転換である。すなわち、当時の中国における戦争政策は著しく人力（人口）に頼ったものであったが、その必要性がなくなったサインとして、一人っ子政策への転換があったと言える。また当時の二つの大きな敵（米ソ）のうち一つとは和解政策を打ち出し、戦争の危機を回避するという外交構想が実現に向かっていた、ということ。そしてまた、既に都市の工業化が十分に進展し、国家の国防化はある程度完成できたという判断が既に成立、そのため、農村からの原資の移転（搾取）はもはやその必要性が著しく逓減されていた、ということであった。

第3章　冷戦の変容、日中国交回復から「中国の台頭」まで

●ソ連からの「自立」と核実験

　朝鮮戦争は1953年7月に停戦となったものの、人民共和国はその国家建設のあり様について、朝鮮戦争時から急速な産業の国有化と農業の集団化を余儀なくされることとなった。この時、人民共和国が参照先としたのは、やはり自ずとソ連の計画経済路線なのであった。このため、この時期の人民共和国は、対外関係の手持ちカードからしても、ソ連からの技術移転に頼らざるを得ず、また必然的に、民生方面での軽工業の発展は軽視さることとなった。冷戦体制下のソ連の経済運営についても、当時の西側経済学者は、民生に資する軽工業部門の未発達を指摘していた。

　いずれにせよ、1950年代の人民共和国におけるソ連を模倣対象とした基本的な経済ロジックが成立したのであった。しかし次の歴史的なプロセスとして、1956年のソ連内部におけるスターリン批判を受け、さらにフルシチョフがリーダーとなると、にわかに中ソ関係は不安的になっていくことになる。ソ連はその頃、むしろ米国との協調路線として「デタント」を追求するようになった頃で、一方の中国は徐々にソ連との関係性において、特に政治的指導性の面で「自立」を目指す方向に舵を切ろうとするようになる。今から振り返ってみると、人民共和国にとっての1950年代後半からの歴史と

は、まさにソ連からの「自立」の努力を物語っていた。

ところで、この感覚は、皮膚感覚としては反共陣営の側で生きていた私たち（日本人）にとっては最も理解し難い文脈であろう。冷戦体制と言えば、中ソをセットにして考えがちである。だが結果的に、中国がソ連からの深い影響を受けていた時期はだいたい1960年までであって、人民共和国の成立からするならば、実は10年ほどに過ぎなかった。それから後は、中国はずっとソ連と対決姿勢を崩さない長期の時間をキープしていたことになる。そして最終的に中ソ間の敵対状態が解除されるのは、1989年春のゴルバチョフによる北京訪問までである。およそ実質的に中ソが対立していた時期は、30年の長さに及ぶのである。実に、中ソの同盟関係が成立していた時期の約3倍なのであった。

では、どのようなプロセスで中国は――その中でもはっきりとソ連からの「自立」を追求していたのは毛沢東であった――「自立」への助走を始めていたのか。スターリン批判が行われた同じ年の1956年、毛は「十大関係論」という重要講話を行っている。この講話の一部には、朝鮮戦争以来に緊密化している主に東北部におけるソ連モデルの移植への部分的批判が既に見受けられる。その批判の骨子は、およそソ連モデルから影響を受けた重工業への偏重に関するものであった。具体的には、農業集団化の強行への反省、過度に中央集権的な計画経済がもたらす弊害、さらにソ連内部の粛清問題へのコメントなど多岐に渡るが、いずれにせよソ連モデルからいかに自立し、その克服を目指すかが論じられていたと言える。

ちなみに、この「十大関係論」が出される前年の1955年、中国はソ連との間で「中ソ原子力協力協定」を締結させている。ぎりぎりこの時点では、核開発にしてもソ連からの援助が必要であると判断され、実際に協力関係を遂行していた。単純に計算すると、このソ

連をルートとして援助を受けた核開発期間は4年間であった。1960年に公然化する中ソ対立の前年の1959年には、既に「中ソ原子力協力協定」は破棄されている。この4年間を長く見積もるか短いものと見積もるか、意見の分かれるところである。ただ中国はともかくも、この期間の技術移転をきっかけとし、その後においては独自に核開発を推し進めていったことになる（ちなみに、この核開発にかかわった人材として、人民共和国の成立後に米国に留学していた中国人の物理学研究者が呼び寄せられていたことにも留意する必要がある）。

しかして、1959年〜1960年にかけ、いわゆる「中ソ論争」が発生、深刻な中ソ対立が進展し、先に述べたように「原子力協定」の破棄も含んで、多くの多岐にわたる分野のソ連人技術者が一斉に帰国することとなった。ここにおいて中国はその国家／社会建設の道半ばにしてソ連からの援助を失う。が、同時にソ連からの「自立」に向け一挙に走りだすことになる。そして実際、中国はその4年後の1964年において、ソ連の杞憂が実現するように核実験を成功させ、さらにこの後も継続的に核開発を順調に発展させていく。この時期の核開発の必要性を意識させた第一の仮想敵とは、むしろ米国ではなく、実にソ連であったのだ。この点については、やはり留意する必要がある。

では、この事態をもう一度、共産党内部の政治闘争の側面から説明してみよう。そのためには、歴史的事件としての廬山会議（1959年）での一連の騒動を外すわけにはいかない。廬山会議とは、毛沢東から発議された「大躍進政策」の失敗を受け、1959年の7月〜8月、毛の政策——大躍進政策と人民公社運動など——を批判した彭徳懐（国防部長）と彼の同調者たちが失脚したところの中央政治局拡大会議を指す。この時の彭の主張は、ほぼソ連共産党による毛沢東の政策への批判と同様の内容を持っていたとされる。毛沢東の主観

からすれば、彭を排除することが、まさにソ連からの「自立」を意味することとなってしまった。

実に、ソ連からの「自立」という歴史的な出来事が、人民共和国の主体性、また中国人の主体性にとってどのような意味を持ったかは、それとして念頭におかねばならないことである。さらに興味深いことに、またこの「自立」によってこそ、この後の米国との接近も、また国家としての大きな方針転換たる「改革開放」も可能となるわけである。そしてこのような中国の独自の行動に対して、私たちがはっきり認識しなければならないのは、それまでの1950年代までの冷戦の構図がそれによってはっきりと変化した、ということである。

●プロレタリア文化大革命

以上述べたことからも類推できるように、1966年より始まるプロレタリア文化大革命は、その独自の構えから、まずソ連からの「自立」がなければあり得ないことであった。通称「文革」と呼ばれる政治運動と社会現象について、これを分析すること自体が膨大な作業となるため、ここではその概略を以下に示すだけに止めたい。

1960年代まで、中国は紆余曲折がありながらも、基本的にはソ連型の国家体制を築き上げていた。共産党を中心とする官僚体制が整備され、先の核開発の成功にみられるように、近代国家としては整った工業分業体制を完成させるに至っていた。ただ毛沢東という独特のセンスを持つ革命家の眼からすれば、これは自らが夢想した社会主義／共産主義の理想とは程遠いもの、と感じられたようである。文革の実質的な始まりは、劉少奇や鄧小平が取り仕切っていた教育なども含む行政部門をターゲットにして、党上層部の官僚主

義を批判する反対勢力に毛沢東が直接の支持を表明するなど、内部の権力闘争への毛沢東の介入から始まったものであった。であるならば、現象として、この闘争は目標物としての劉少奇を打倒したことで、一つの決着を形としてつけたことにはなる。ただし、その大本の理念となるものは、肉体労働と精神労働の差別の撤廃など、理想主義的なイメージを動員するものであった。官僚主義的な行政システムを人民的なものへと変えること、具体的に報酬や待遇の格差を撤廃する日常的運動を巻き起こすなど、毛沢東が描いた共産主義革命を永続的に続けていくことが求められた。

ただし、文革は元より権力を掌握していた共産党の上層実務者への物理的な攻撃を含んでいたため、当然のことながら行政組織は大混乱に陥り、また一時的には教育システムも全く動かない状態に陥った。その結果、全体のシステムを立て直すために、その途中から人民解放軍が秩序維持のために大きな力を振るうようになった。その解放軍のリーダーであったのが、1959年に国防部長の職を追い落とされた彭徳懐からその地位を引き継いだ林彪(りんぴょう)であった。この林彪はモスクワへの留学経験もありながら、ソ連型の国防思想を持つ彭に対して、むしろ毛沢東の好む人民戦争理論を信奉――つまり「人力」を重視する考え方を持っていた。林彪は、1971年9月に毛沢東の地位を脅かしたとして失脚するまで、文革の進行全体を掌握する立場に立っていたと言える。

ところで、この林彪失脚の最も大きな背景となるのは、文革による政治の混乱を嫌った反林彪派の軍幹部たちの存在であり、彼らは一時期、四人組と呼ばれる文革勢力とも協調し、林彪の排除に成功する。さらに結果として、四人組を打倒して行くのも、実にこの解放軍の穏健派の幹部たちであるが、葉剣英(ようけんえい)などに代表されるそれらの軍幹部たちが後の「改革開放」の流れを支えていくのである。彼

らは、つまり「政治闘争」よりも「経済建設」を重視する勢力として、実に人民共和国の主流派のことであった。既に核開発を終了した人民共和国は、軍事方面に関しては、実際のところでは、通常兵器の開発と生産にも力を入れる余裕を手に入れていた、ということになる。

総じて、1971年の林彪失脚により実質的に「文革」は終了したのである。同年暮れ、キッシンジャーが極秘に米中接近を図るために中国入りを果たし、そして翌1972年の初め、米中接近を指し示す「上海コミュニケ」が発表されることになる。ある種の憶測の範囲を超えないものであるが、今日、朝鮮民主主義人民共和国によって繰り返されている核実験は、まさに中国による1964年の核実験成功からの米国との「和解」の文脈を参照枠としているものではないか、という理解も出てくる。

さてこのように展開された文革であるが、これが後世に残した影響をどのように見積もるかは、やはり大変な作業となる。現時点で、文革を研究すること自体が制限されているわけではないが、文革をポジティブな価値を持った運動として喧伝すること自体は、タブーとなっている。およそ現在の文革観は、1981年の共産党の中央会議の中で出された「歴史決議（建国以来の党の若干の歴史問題についての決議）」に依っている。この1981年の「歴史決議」は徹底的に文革を批判、さらにこれを発動した毛沢東への部分的な批判も為されている。このような決着のさせ方を主導したのは、当然のこと鄧小平であるが、この間の中国の政治経済機構を立て直す必要もあり、あえて革命運動の意義や価値を「議論しない」という手法をそこで確立したことになる。興味深いことに、文革期とは特別に様々な自主的な団体が結成可能であった時代であり、街頭や学校で貼り出される壁新聞などの政治活動が非常に活発な期間であった。むしろ、

改革開放以降において、表現の自由というもの——その象徴として壁新聞があるが、それが禁止されることになるのであった。

このように考えた場合にも、文革が一体何を目指していたものであったのか、その理念と実際の乖離など、検証すべきことはやはり多く取り残されていると言わざるを得ない。とくに毛沢東への評価である。

現に2012年、尖閣諸島の国有化が日本の政府により宣言されたところから始まった反日運動において、かつての毛沢東の肖像が掲げられたのは、実に一考に値する現象であった。つまり、この一連のデモは日本への批判であると同時に、日常的な社会生活の不満を表現する場ともなったわけである。そこで毛沢東の肖像が掲げられた文脈とは、明らかに1990年代以降の、経済格差の増大と社会分配の機能不全という現実が背景にある。そしてさらに頼るべき価値が空洞化した時代において、指導者が雄々しく振る舞っていた過去のノスタルジーが噴出したものともみなせる。反日というエモーショナルな社会情緒に、過去の理想主義的なイメージが結び付いたあり様は、やはり中国社会内部の矛盾への原理的な思考の必要性を惹起するものであったと言える。

●中国と第三世界論

既に述べたように、人民共和国は冷戦期を通じてソ連からの「自立」を果たすことになるが、その過程の中で世界の中での自らの身の落ち着けどころに関して、また独自の外交の戦略を案出する上でも、いわゆる第三世界との連帯の方向を強く打ち出していた。その始まりは、1955年のアジア・アフリカ・バンドン会議に求めることができよう。中国の首相・周恩来とインドの首相・ネルーなどがイ

ニシアチブをとって採択した「平和十原則」は、第三世界諸国と諸地域の民族独立の気運の高まりを反映し、基本的人権の尊重や国連憲章の尊守、また相互不可侵の原則など、朝鮮戦争後の東西冷戦の危機を克服する試みとしても、大きな時代のエポックを為したものと言える。

　ただ後の歴史から踏まえるならば、当時は非常に楽観的な空気が支配していた時代であった、と振り返えられよう。なぜなら、この数年後、1959年から断続的に始まった中国とインドの国境紛争は、1962年には大規模な軍事衝突に発展してしまったからである。いわば、この中印戦争によって、第三世界は大きな分裂状況に陥ってしまったということになる。もちろん、ここには冷戦構造の根本的な変動が大いに関係していた。中ソ対立が実際に1959年に始まっていたことを受け、国境問題を抱えていた中国側は、ソ連が強くインドに肩入れしているものと想定していた。第三世界主義は、理念としては米ソ二大大国の干渉を受けない国家の自由を模索するための新興国の連帯運動であったわけだが、その大きな支柱たる中印の対立はまた、冷戦構造そのものによって翻弄されたのである。

　さて、中国は1950年代から1960年代にかけて、インドとの関係を悪化させながらも、独自の外交路線を追求せんとし、当時のナンバー2であった劉少奇が発案した、いわゆる「中間地帯論」をその方針としていた。この「中間地帯論」とは、おそらくソ連がハンガリーの内紛への介入などへの行為を目の当たりにした結果として、米ソ二大大国に挟まれた中間地帯の諸国家・諸地域において、その国家形成や諸国家連帯の進め方に関して、自由な幅を持つべきだという発想である。そしてさらに、中国はそのような選択肢の幅をもった中間地帯に関与する義務があり、そのような中間地帯に有効な働きかけを続ける中で、米ソ冷戦に左右されない平和状態を構

築、そして第三次世界大戦を避けることができる、との見取り図を持っていた。

この「中間地帯論」は、ある側面では、バンドン会議の志向性の延長にあるようにみえて、しかしやはり違っている点がある。それは、主にソ連との関係性において、中国がそういった中間地帯の独立や革命を援助することができる、という観点に立つものであった。つまり、相互不干渉の原則についてむしろ曖昧な態勢を採ろうとしていた、とみなし得る。このようなアプローチは、後にアジアやアフリカ、ラテンアメリカにおいて、中国の援助を受けた革命グループが活動していたことにより、実証されるものである。

さらに「中間地帯論」が一定の変形を遂げ、まとまった形で国際舞台において表明された例として、また後の「三つの世界論」(1974年)がある。これは、当時文革中にもかかわらず一時期的に復活を遂げていた鄧小平により国連を舞台に発表されたもので、明らかに当時の文脈では、既に1972年のニクソンの北京訪問を受けていたことから、ソ連への対抗関係を念頭においたものであった。以下その内容を簡単に紹介しておく。

この「三つの世界論」が区別するところの第一世界とは、当時の中国が言うところの帝国主義、覇権主義、植民地主義の政策をとる二つの超大国たる米国とソ連であり、この二つの国は、現代における最大の国際的搾取者、抑圧者であり、新しい世界戦争の策源地であると規定している。続いて第二世界は、超大国と発展途上国の中間にあるヨーロッパや日本などの先進諸国である。この第二世界には野蛮な植民地支配を維持している国もあるが、超大国の支配、威嚇、搾取、経済危機の脅威を受け、従属国の地位に置かれており、二大超大国への反発が強まっているものとみられていた。そして、いわゆる第三世界とは、アジア、アフリカ、ラテンアメリカその他

の地域の発展途上国である。この第三世界諸国は世界の歴史の車輪の前進を推進する革命的原動力であり、植民地主義、帝国主義、とりわけ超大国に反対する主な力であり、中国はその先頭に立つべく奮闘している……云々。以上、「中間地帯論」から延長された「三つの世界論」はこのような骨子と独自の地図を持っていた。

しかし周知のとおり、改革開放に踏み切って以降の1980年代中盤からの中国は、このようなアプローチを取りやめており、いわゆる第三世界との外交関係を推進する上では、かつてのバンドン会議段階における「相互不可侵」の原則を回復し、それをすべての前提条件とするようになっている。ちなみにこの時期（「三つの世界論」を掲げていた頃）において、中国の影響を受けて活動を展開していたカンボジアにおけるポルポト政権が1975年に成立しているが、その内部の内紛が飛び火する形で、ポルポト政権はベトナムの支援を受けた勢力により打倒され、その後政権に就く可能性がなくなっている。またそれ以上に、このポルポト派による住民虐殺の事実が後に明らかになるにつれ、中国は必然的にいわゆる革命の輸出という考え方を後退させざるを得なくなった、と考えられる。

以上、多少とも錯綜した人民共和国における「第三世界論」の実践とその挫折のプロセスをみたわけだが、今日の中国においては、先に述べたような意味で、革命の輸出はあり得ないものとなった。しかし、いわゆる国家間協力という形で、主に資源の獲得を目的とした援助外交というものを中国はかつての第三世界諸国との間で活発化させている。この流れは、いわゆる鉱物資源の輸入国へと変化した2000年代以降の中国において、世界の工場たるポジションを維持するのに必須の外交戦略となっている。

●日中国交回復と改革開放、および天安門事件

　中国にとって、1972年の日中国交正常化は、自らの力で冷戦構造を転換させるための一つの戦略的措置であったと考えられる。そこでは主に、ソ連からプレッシャーに対抗する意図があったと想定される。一方の日本においてはこの時期までは、保革を問わず、戦争の記憶を抱えた指導者も多く、かつての戦争への反省を踏まえた国交正常化の追求は、国民的な悲願としてもあったようにも観察される（今日の日中間のあり様とはかなり違った風景である）。正式の国交を樹立するという意味では、この日中間の1972年の出来事があり、そして米国との間の正式な国交樹立は1979年のことであるのだから、ある意味では日本の方がいち早く、独自の文脈で中国との関係改善を図っていたことになる。

　以上の意味合いに絡んで来るのは、1949年に台湾に撤退した中華民国という存在である。当時の中華民国は、大陸の中華人民共和国とは「一つの中国」をめぐり、その正統性を争う立場にあったので、必然的にこの人民共和国と日本との間の国交が樹立されると、中華民国は日本との国交を断絶することになる。またこの同時期、1971年～1972年にかけて、国連における中国のポジションにおいても、中華民国がそれを降り、人民共和国がそれに取って代わるという一大事件も起きている。今日では、ほぼ当たり前の風景になっている人民共和国の国際的な立場は、この時期に安定することになった、とみなし得る。この時注意すべきは、当時、人民共和国が国連での正統な中国のポジションを得ることに賛成したのは、その友好国であったアルバニアをはじめとする第三世界諸国であったこと——このことも記憶されるべきことであろう。

そして人民共和国は、この時期からの数年をかけて、正式な米国との国交樹立に向かおうとする。またこの時期は、今日の中国をみる上でも重要になるだろう、文革の後期から、そして改革開放への流れが生じていた時期として観察される。改革開放への始動は、鄧小平によって主導されたものとみられがちであるが、ただ実際には晩年の毛沢東によってその筋道がつけられた、とも考えるべきである。毛沢東の路線を正確に辿ると宣言していた華国鋒自身が、米国との関係改善に向けた動きに積極的だったことからも、それは実証され得るものである。

　さて実際のところ、改革開放という巨大な政策転換は、前章で述べたように、戦争準備の必要性から解放されたという前提によっている。そしてこの前提の上で人民共和国が目指したことは、中国を世界的な経済システムの中に挿入することであった。農業経済学者・温鉄軍によれば、実は文革期間においても、中国はインフラも含めた高度な工業化を推し進めていたわけで、文革終了時点において、既に世界第6位の工業生産高を築いていた。しかし、1970年代後半に至り、これ以上の経済成長を図るためには、西側諸国も含めた国際分業体制に入らねばならなくなっていた。つまり、より高度な技術と市場と原料供給、そして資金の調達の道を探らねばならない経済段階に達していた、ということである。これは極めて即物的でもあり、しかしまた実に正確な論述だと言える。中国内部のイデオロギー状況にかかわる揺れは揺れとしてあったとして、経済学的法則からすれば、このような解釈を否定することはできないところである。

　ただし、先にも述べたように、改革開放は毛沢東が既に意図し、さらに華国鋒、鄧小平によって実行に移されたものである。すなわち、これは共産党によって推し進められたものである。その意味

で、上からの指令によるところの政策なのであった。だから、共産党が全体をコントロールする政治路線そのものに対する敵対は、やはり抑圧の対象となるべき運命を持っていた。こういったことが明らかになるのは、まさに1989年の六・四天安門事件が勃発したからであるが、ここに至るまでのプロセスというものを一通りトレースしておかねばならないだろう。

　鄧小平のリーダーシップによる改革開放政策は、まず1950年代の半ばに確立されていた農村の集団化政策（人民公社）を解くところから始まった。まず農家一戸ごとに土地を再配分する施策を通じて、農業生産物の市場化を促し、余った農村人口を軽工業中心の郷鎮企業が吸収するという方針であった。実際にこの方策は効を奏し、社会全体の物資の流通が上向きになっていた。これが1980年代中盤までの主たる動きであった。

　ただその次の段階として、都市部の改革開放政策において躓きが起きて来た。農村において土地を再配分したような形では、都市部の工場は株式などの形をとった形で労働者に再配分されることはなく、一部の幹部がそのまま企業の所有者となるなど、財産権がむしろ一部に独占される結果となった。さらにこの時期、国営企業を中心とした価格＝給与体系と民間化された企業を中心とした価格＝給与体系の二重化が激しく生じ、経済不安が都市部に広がった。このような都市部における公的財産の独占と不公平感が背景となり、政治改革を求める学生やホワイトカラー層に付随し、都市部の膨大な労働者の参加が成立して、六・四天安門事件が引き起こされることとなった。

　現在の政権内部において、この時の学生たちの行動に対して、当時は「反革命暴乱」として厳しい弾圧の対象とならざるを得なかったものの、当時のやむを得ない文脈においての愛国的行動として再

評価を加えてもよいのではないか——近年こういった声や意見も漏れ聞こえてくる。これは体制側としても、本音に近いところであろうと思われる。主たる原因として、都市部における改革開放政策の失敗が意識されているからだ。ただし、その後が問題となるだろう。海外に逃れた当時の元学生たちは、ストレートに西側の価値観に沿ったところで、一方的な批判を中国政府および中国人一般に投げかけるところから、彼らの主張はむしろ国内の膨大な一般大衆においてはずっと無視されるという経過を辿っているように観察される。

●南巡講話から「台頭する中国」へ

通常、世界的には1989年の六・四天安門事件と、そしてその2～3年後に位置することになる鄧小平の南巡講話について、その関連を議論の対象にする論調はほとんど存在していない。一般的に、この鄧小平の南巡講話とは、天安門事件の要因を西側世界への開放を急いだためとする首脳内部の保守派を抑え込むアクションと解釈されている。実際、天安門事件以降、海外の資本が中国への投資を渋った要因により、改革開放以降から高水準で続いていた経済成長が一時停滞する局面に入っていた。つまり南巡講話とは、鄧小平の号令の下、さらに大胆な投資の導入と、その受け入れのための制度的準備を内外に呼びかけるパフォーマンスであった。こういった解釈は、実際のところ正しい。ただ別の角度から南巡講話の意味を理解する必要もあろう。南巡講話以降の社会的危機に警鐘を鳴らした代表的な論客として、中国の学者・汪暉がいる。ここで汪の立論を紹介してみよう。

汪によれば、南巡講話と六・四天安門事件には深い関連性がある

という。汪の論の背景となるのは、南巡講話以降、非常に活発な形で海外投資が中国沿岸部に集中するとともに、農民から多くの農地が剥奪され、さらに富を蓄え始めた階層とそうでない階層との途轍もない格差が急速に拡大する社会状況である。南巡講話以降、中国社会は新自由主義的な経済価値観が主流となり、弱者切り捨てが目にみえて明らかとなった。汪の主張は、南巡講話以降に政権が選択した新自由主義政策は、もしも天安門事件のような大鎮圧の直後でなければ、大きな牽制を受けて成功していなかった、という見方である。その意味からも、汪暉にとって、天安門事件とは、社会主義的価値観が破壊され、新自由主義経済が導入されることになる、その先ぶれであったという位置づけになる。

このような解釈が正しいかどうか、しばらく脇へ置いておいたとしても、実に汪と同じような見方をする知識人は、大陸中国に広範に存在する。もちろん彼の論はその意図として、中国社会を改革開放以前のような時代に逆戻りさせようと考えているのではない。その上でも、今日の中国社会の変容とその不安定要因を分析する上で、やはり1990年代以降、中国政府が過激なまでに資本主義的手法を導入したことの問題性については、深く考えてみなくてはならないということである。

さて、1990年代中盤以降、中国社会には大きな矛盾が孕まれると同時に、しかしその一方、「世界の工場」としての地位を築き、徐々に今日あるような大国化したイメージを有することになっていく。そこで興味深い現象は、国際的な問題に関連して、中国の民衆が国内の外国大使館などにデモを行うような社会現象がみられるようになったことである。その一発目は1999年の春、ユーゴ内戦時において、NATO軍（実質的には米軍）がベオグラードの中国大使館を「誤爆」したとされる事件に対して発生した反米デモである。このよう

な大衆的かつ情緒的なナショナリズムの高まりは、中国社会の流動化現象を物語っていると同時に、やはり米国に対しても対等に立てるはずの我々、という大国意識を顕(あらわ)したものとも考えられよう。

ここで興味深いのは、先に述べた南巡講話の主役――香港の中国復帰の年(1997年)に亡くなった鄧小平の遺した言葉であろう。それは中国語で「韜光養晦(とうこうようかい)」というもので、翻訳すると「出しゃばらず、準備を怠るな」というメッセージである。これは国際的な中国の立ち位置に関しては、謙虚さを第一にして無駄な衝突を避けなければならないという鄧小平の遺言である。これは、中国が経済的に安定して発展するには、国際環境における平和状態が必要であるとの実践的な意味合いをもっている。周知の通り、中国は1997年〜1998年における東南アジアから始まった世界同時金融危機を乗り切り、また2008年の米国から始まった金融危機をも乗り越えて、米国と対等に近い立場で世界情勢を決定するアクターにまで伸し上っている――これは本当のことである。そこで「台頭する中国」のイメージが強くなりがちな今日、自らの驕りを正さねばならないと中国の政治リーダーが表明する際、常に引用される言葉がこの「韜光養晦」なのである。

●尖閣(釣魚列島)問題からみえるもの

2012年、尖閣諸島をめぐる領土問題が惹起されるプロセスには、やはり否応なく中国の大国化への焦りが、日本の(保守)政治家の意識に反映する形で、日本人の自己／他者認識に現れた側面を指摘できよう。ただ問題の根にあるのは、やはりある期間を通じた東アジアにおける覇権の角逐(かくちく)状況であり、いずれにせよ過去に遡って考える必要性を私たちに迫っているようにも思われる。何よりもその

尖閣諸島が日本の領土に組み込まれんとしたのは、120年前の日清戦争の最中の出来事（内閣の閣議決定）であって、2012年の反日デモに参加していた中国人の脳裏には、多少なりとも120年の歴史の重みが入っていたはずである。

日本が東アジアにおいて植民地帝国主義として振る舞った出発点は、まさに日清戦争の結果として、台湾が日本に割譲されることとなった経緯からのものである。したがって、今日ある領土問題は、単純な国際法的な問題としてあるだけでなく、否応なく日本と中国が狭い海を隔たてて歴史を積み重ねていた、少なくとも120年の歴史時間の意味をもつものであると言える。

ただここで一つ考えてみなければならないのは、120年のちょうど半分の時期、60数年前のことである。東アジアにおける第二次世界大戦の処理は、極東軍事戦犯法廷と、そして朝鮮戦争の最中のサンフランシスコ講和条約によって一つの形を作り出すともに、明確に米国のプレゼンスが東アジアの内部に入り込む事態をもたらした。端的に、日本における米軍基地の固定化がそこで生じたわけである。本書は、中国ナショナリズムのあり様を素描する目的を有しながら、ただそのあり様は、日本との関係、そして米国との関係構造を論ずることを抜きにしては語れないものである。

ここで例となっている尖閣問題についても、それは大いに当てはまることである。なぜなら、いわゆる尖閣問題とは、沖縄の日本復帰の直前にあって（1969年）、日本へと施政権が引き渡される領域に尖閣諸島が含まれることを米国が表明、次いでこの表明を追認する声明を日本側が発表したところから始まる。言うならば、この東アジアにおける覇権の角逐状況を最も上のレベルでコントロールしようとしているのは、今日においても米国だということである。

そして振り返って思い起こされるのは、2012年に惹起された尖閣

をめぐる領土問題に関連して、日本政府が数度にわたり米国政府に対して、尖閣のエリアが日米安保条約の適応範囲内であることを確認していた一連の行動である。その際に中国政府は、日本に対して、2カ国間で話し合われるべき領土問題について、なぜ第三の国を介在させようとするのか、という原則的な批判を行っていた。現在に至るまで、この問いかけに対し、日本政府は何ら真正面から受け止めた反応を示していない。

　ここで確認しておきたいのは、ナショナリズムの様態を研究する際の基本的な条件として、やはりその国家体制がどれだけ独立性をもっているかであるが、それはやはりそれなりに考慮されるべきモメントである。表面的には威勢のよいナショナリスティックな言辞を吐いたとしても、実際の国家の独立性が保たれていないのであれば、そのナショナリズムは極めて空虚なものと言わざるを得ないからである。

　ここで言いたいのは、日本のナショナリズムは空虚で、中国のそれは空虚ではない、と単純化することではない。お互いのナショナリズムの条件を理解することが必要である。その場合、まず自国が抱えているナショナリズムの条件を精査してみなくてはならない。その意味でも、中国政府が、なぜ2カ国間で話し合うべき問題に第三国を介在させるのかと質した問いは、日本人が自らのナショナリズムの条件に気づくきっかけともなるべきものであったと言える。

　興味深いことに、20世紀全体を一つの期間としてみた場合に、その前半の時期、中国は全く自身の主権を保全し得る条件になかった。単純に言えば、自国の中で外国の軍隊が自由に活動していた状態である。端的に、20世紀の後半の中国はそのような屈辱を晴らした後の体制として己を完成させていることになる。逆に日本は、20世紀の後半、外国の軍隊が入り込み、その軍事力のパワーが東アジ

ア全体を管理している状態である。この歴史段階を内在的に克服することが、今求められているのであり、その克服の中でこそ、より正確に中国ナショナリズムの抱える条件がみえてくるのではないかと思われる。

●尖閣諸島の「棚上げ論」について

2014年の12月30日、『共同通信』がある記事を配信した。1982年9月、当時の鈴木善幸首相が来日中のサッチャー首相と行った会談の尖閣諸島をめぐる話題に関して、日中間において現状維持で合意していると鈴木首相が語った内容がイギリス公文書に存在していたといった報道である。2012年の「国有化」騒動以来、日本の外務省は暗黙の合意も含めて、その「現状維持」(棚上げ論)の可能性を否定していただけに、一国の首相が語った今日と異なる見解が第三の国家の公文書に明記されていることは、内心ショックであったに違いない。

『共同通信』の記事によれば、鈴木首相は会談の中で、それに先立つ鄧小平との遣り取りにおいて、「(尖閣の)問題を明示的に示すことなしに現状を維持することで合意し、問題は事実上、棚上げされた」と述べ、その後、中国は尖閣問題について言及することがなくなった、とサッチャー首相に伝えている。このような話を鈴木首相が語ったのは、サッチャー首相が香港「返還」を控え、中国政府とどのように交渉すればよいのか、日本政府と中国政府との領土問題での遣り取りを参考にしたかったのだろう、と考えられる。

当時の状況を遡ると、その4年前の1978年4月に、実は中国の漁船数百隻が尖閣の海域に接近するという事件が起きていた。周知の通り、その同年8月に日中友好条約が調印されているのであるが、

当時において友好条約の早期調印に反対していた自民党の右派である青嵐会などの活動が活発になっており、尖閣問題の「棚上げ」に反発し、そこにヘリポートや緊急避難港などを建設し実効支配を強化する措置をとるべきとの主張を展開していた。中国漁船の接近は、こうした自民右派に対する牽制活動だったと考えられる。その後の1978年8月、平和条約調印の直前、鄧小平と園田直(すなお)外相との会談で、日本側が漁船事件の再発防止を求めたのに対して、鄧小平がこの問題について「一時棚上げしてもよい。10年棚上げしてもよい。次世代の知恵に任そう」(日本記者クラブ記者会見)という有名な「棚上げ」論を残し、中国側の態度の範例となった。

つまり、この4年後に鈴木首相が日本政府として「現状維持」という言葉を使ったことは、限りなく中国側の発想する「棚上げ論」に近いものであり、事実上それを受け入れていたことになる。やはり当時、多くの政治家にとって、「棚上げ論」は常識だったと考えられるのである。

さて現在に視点を戻すならば、2012年の「国有化」騒動以来、中国は公船を断続的に尖閣水域に派遣している。この意味は何なのであろうか。この間、周知の通り、中国の首脳が何度も日本政府に繰り返している主張は、「領土問題が存在していること」の確認であった。であるならば、公船の派遣は、日本側に対して「棚上げ論」、「現状維持」の段階に戻ってほしいという意思表示であり、公船派遣の延長線上にそこを武力占拠することを企図したものではないことが明らかである。

「棚上げ論」はいわば、先代の指導者の「知恵」であった。中国側が「棚上げ」と言い、日本側がまた「現状維持」と述べていたのは、まさに暗黙の呼吸によるものであったのだろう。このような「知恵」こそ、ある意味では西洋が規定した文書だけで確認され得るような

外交手法ではなく、お互いの信頼を醸成する大事なモメントなのであろう、と想定される。翻って、なぜ鈴木善幸や園田直など当時の世代には、そのような「知恵」が受け入れられたか。やはり第一に、日中戦争への反省の文脈があったからであろう。しかしてその日中戦争への反省とは何かというと、それは単純に加害者／被害者という枠組みで思考されるものではなかったと思われる。それは、長期的に渡って中国（中華）の文化的恩恵を受ける立場から、ある一時、極端に中国を劣った国や無秩序な社会状態として扱い蔑視したこと——このようなかつての自身の傲慢さへの自戒がその世代までにはあったということ、と推察される。自身の傲慢さへの自戒、これが最も今、日本の近隣外交においても問われていることではないか、と思われる。これは一政府だけの問題ではなく、日本国民全体の問題でもある。

補章　台湾問題にみる中国ナショナリズム

●近年の出来事から

　台湾の主要メディアは、毎年の恒例行事としてあるアンケートの結果を発表している。それは、自分は台湾人だと思うか、それとも中国人だと思うか、あるいはどちらとも言えるか、などといった項目によって構成されたものである。この比率は、毎年少しずつ変化しているようでもあるが、現在では「台湾人である」がやや多数派の域に達している。ただ意外と真ん中の「どちらでもある」も多く、さらに「中国人である」も少数だが一定数あって、無くなりはしないようである。このアンケートの質問は、台湾は独立すべきか大陸中国との間で統一すべきであるかという別の項目とも絡み合うものとして、台湾の位置と地位の不安定さを表示するものとなっている。

　台湾は元々からそれのみで独立した政治実体として成立していたのではなく、清朝期は主に行政区の一部分として、日本植民地期は朝鮮半島と並ぶ植民地の一つとして扱われ、また1949年以降に国民党政権が全面的に撤退して来た後では、臨時首都が台北に置かれた中華民国の一部として定義されて来た。一つ補っておくとすれば、上記の時期区分の遺漏として、1945年から1949年の４年間がある。この時期、実は台湾は大陸中国をもカバーしていた当時の中華民国の一部として、名実ともに中国の一部としてあった時期である。台

湾をそれのみの独立した政治政体とみなすようになったのは、おそらく2000年の総統選挙において民進党の候補が総統に当選し、8年に渡って独立志向の民進党が政権与党となってからだろうと考えられる。

　先にも述べた台湾の国際的な位置と地位の不安定さは、やはり戦後の国民党政権が押し立てていた「正統中国」としての自画像が描けなくなっていた時期から意識されはじめたもの、ということになる。翻って、中国ナショナリズムにとっても、この台湾問題は一つの核心的なアポリアなのである。本章で試みたいのは、このことが持つ複雑な歴史を明らかにすることで、中国ナショナリズムの歴史的要因の一端を浮かび上がらせることである。

　ここで一つのエピソードを引いてみたい。2000年代の民進党政権下のことである。当時の副総統で女性人権運動の活動家出身者の呂秀蓮（りょしゅうれん）は、1895年の台湾の日本への割譲が決した下関条約に対して肯定的に捉える談話を発していた。つまり、このお蔭で台湾は大陸中国とは別の道を歩むことができるようになった、という主張である。当時、この談話が発表された折には、日本の歴史研究者においても違和感をもたれた方が多かったことを記憶している。さらにこの陳水扁（ちんすいへん）政権の後期、今度は陳総統自身が、また台湾が中国に帰属することの国際法的根拠とされている1943年のカイロ宣言の無効を主張するところとなった。これらはみな、中国大陸からできるだけ距離を取るための台湾における当時の「独立志向」の反映であったとみなせる。ただこういった台湾内部からの言説は、20世紀の後半にだいたいのところで確定していたと言える国際秩序の常識に反することであり、当然のことながら、陳水扁政権のそのような歴史観に対しては、米国政府からもクレームがつくことになった。つまり米国からみれば、陳水扁は米中関係の実在のリアリズムを理解でき

ず、また第二次世界大戦後に確立された歴史にかかわるPC（ポリティカル・コレクトネス）を無視したことになる。

　こういった複雑な台湾問題を歴史から考えた場合に、先の呂副総統の発言に象徴されるように、まずは日清戦争からの台湾の割譲の歴史を「台湾問題」の一つの起点にせねばならないように思われる。

●日清戦争＝台湾割譲

　日清戦争の結末として1895年の5月に下関条約が締結され、日清戦争の戦後処理が始まることになる。台湾および膨湖諸島の割譲以外にも、また賠償金として、2億両が清国側に課せられる。ただしその後の三国干渉により遼東半島が還付された結果、その代償としてさらに3000万両が上乗せされ、結局のところ合計すると、2億3000両（現在の価格で1兆294億円前後）となった。日本は、この財源を利用して1897年、官製の八幡製鉄所を設置するなど、重工業化への邁進が可能となった。すなわち、日本は武器を他国からの輸入に頼ることなく、国民経済の力でそれを手に入れる条件を得たこととなる。膨大な賠償金の支払いは清国（中国）にとって大きな負担となり、この契機から清国は急速に弱体化することになる。その弱体化の現れとして、1900年の義和団事件にかかわる清朝政府の判断ミスも重なり、以後清国は自身の首府に複数の帝国主義国家の軍隊を駐留させることを余儀なくされるのである。

　日清戦争による台湾の清朝からの割譲とは、裏を返すと、日本が帝国主義列強への仲間入りをした起点として描けるものである。台湾を植民地として領有できたこと、これがまさに日本の「国際的」地位の向上を決定づけたのである。当初、日本帝国議会の内部の討論では、ただ当時、コストのかかり過ぎを理由として、台湾を放棄

することも念頭に置くような議論があった。にもかかわらず、当時の趨勢において植民地経営を為し得ることが一等国たる証し立てとして認識され、台湾領有のための施策が打ちだされることとなったのである。

さて話を少しだけ歴史の軸をズラして、先述した陳水扁総統によって否定されていたカイロ宣言に触れてみたい。カイロ宣言の中で領土問題にかかわる箇所に焦点を定めるならば、以下の文言に行き着く。曰く「右同盟国ノ目的ハ日本国ヨリ千九百十四年ノ第一次世界戦争ノ開始以後ニ於テ日本国ガ奪取シ又ハ占領シタル太平洋ニ於ケル一切ノ島嶼ヲ剥奪スルコト竝ニ満洲、台湾及膨湖島ノ如キ日本国ガ清国人ヨリ盗取シタル一切ノ地域ヲ中華民国二返還スルコトニ在リ」である。はっきりしていることは、このカイロ宣言の想定する歴史の範囲はここで語られている1914年、つまり第一次大戦に止まるものでないということである。なぜなら、「台湾及膨湖島ノ如キ日本国ガ清国人ヨリ盗取シタル」という行動は、日清戦争とその後の処理（下関条約）から始まったものだからだ。

さらに中国（中華民国）に直接かかわる領土問題だけでなく、その他の東アジアの地域／国家の位置づけについても目を配るならば、カイロ宣言には、また朝鮮半島の処遇にかかわる配慮が記されていることにも目を向ける必要がある。すなわち曰く「前記三大国ハ朝鮮ノ人民ノ奴隷状態ニ留意シ軈テ朝鮮ヲ自由且独立ノモノタラシムルノ決意ヲ有ス」とある。日清戦争は、朝鮮半島をめぐる主導権争いから発したという事実が一方であったとして、この日清戦争から40年弱を経たカイロ宣言において、中国（中華民国）は、むしろ朝鮮半島の独立を肯定する立場に転換したことをもってすれば、古い中華の冊封体制的な思考の放棄というものがここにうかがい知れる。

以上述べたことからして、日清戦争からの歴史サイクルは、決し

て日中の2カ国間の問題に止まらない範囲というもの、すなわち今日私たちが議論している東アジアという概念のあり様に結び付くものである。すなわち、台湾問題は東アジア全体の問題として考える必要があるのである。

●戦後のいくつかのポイント

　日本の戦後のあり様は、戦争末期に日本が米国、イギリス、中国の3カ国（後にソ連が内容を事後承認する）によって起草されたポツダム宣言を受諾するところから始まると言えるだろう。そこに書かれている領土問題にかかわる文言は、第八項にある。曰く「『カイロ』宣言ノ条項ハ履行セラルベク又日本国ノ主権ハ本州、北海道、九州、四国及吾等ノ決定スル諸小島ニ局限セラルベシ」とある。このようにカイロ宣言とのリンクが明言されている以上、台湾は中国へと復帰することが前提となっているものと読める。1945年のポツダム宣言の時代水準においては、このような流れが大前提であった。ここで注意を要するのは、また日本の領土は「吾等」が決定するのであり、その吾等とは連合国の構成する米国、イギリス、中国（加えてソ連）のことを意味するはずだということである。

　しかし周知の通り、米国を中心とした戦後日本の占領政策は、1949年に大陸中国における内戦の帰趨が、共産党を中心とした人民共和国の成立とともに、日本民主化政策から反共基地化政策へと転換し、さらに朝鮮戦争の勃発によって、米国の承認の下、軍事的力量をともなった警察予備隊（後の自衛隊）の成立を結果する。いわゆる、「逆コース」と呼ばれる歴史の流れの変化である。日本はこの最中に1951年9月のサン・フランシスコ講和会議の結果として、サン・フランシスコ講和条約（以下、サ条約）により独立を約束される

ことになる。このサ条約は、まさに朝鮮戦争下において調印されたものとして、反共的色彩を否応なく帯びたものとなった。

ちなみにこの時の台湾と大陸中国をめぐる状況はどうであったか、最低限のことは押さえておく必要がある。1950年の上半期まで、米国は大陸での国民党政権の内部的腐敗に要因する内戦の敗北に冷ややかな視線を送っており、共産党軍が台湾海峡を渡って台湾を「解放」することについても阻止する意志をみせていなかった。端的には、朝鮮戦争の勃発までいわゆる不干渉の態度を表明していたのである。しかし1950年6月の朝鮮戦争の勃発によって、米国は改めて反共防衛ラインの変更を急遽決定することになる。つまり、東アジア全体が「赤化」されることを恐れた米国は、台湾「解放」を阻止する意志を明確にし、反旗用防衛ラインを台湾海峡へと引き直し、横須賀から太平洋第七艦隊を台湾海峡に派遣するに至った。つまり、これ以降、共産党側は実質的に台湾の「解放」を諦めさせられたことになる。いわば、これが今日に至る台湾問題に根源にある歴史状況のあり様である。

さて話を元に戻すと、この朝鮮下、台湾「解放」が断念させられた状況におけるサ条約調印に関して、中国の代表（台湾の中華民国も中華人民共和国も）は呼ばれず、また朝鮮半島の代表（大韓民国、朝鮮民主主義人民共和国）も呼ばれていなかった。つまり、この条約は、日本の東アジアにおける戦争と植民地化の対象とする諸国家による参加を欠いたところの米国に近い勢力だけによる反共的色彩の強い「片面講和」であったのであり、この評価は現在に至るまで規定力を持つものと考えられる。

では、このサ条約にかかわる領土の部分に関して、特に台湾にかかわる部分をみてみよう。第二章の「領域」の第二条の(b)項に「日本国は、台湾及び澎湖諸島に対するすべての権利、権原及び請求権

を放棄する」とある。ここでも先にポツダム宣言の主体としての「吾等」が誰であったのかに注意を促したように、誰が承認したサ条約なのかが重要である。サ条約は、先述したように二つの中国の代表が参加したものではなかった。またここで気を付けなければならないのは、放棄された台湾および澎湖諸島の帰属が書かれていなかったことである。

　翌年の1952年4月にサ条約は発効することになるのだが、この期日にあわせて、日本政府と台湾の中華民国政府との間で、日華平和条約が締結され、この2カ国間においては戦後処理が行われたことになる。ここでも注意が惹かれるのは、例の領土問題である。日華平和条約第二条にはこうある。曰く「日本国は、千九百五十一年九月八日にアメリカ合衆国のサン・フランシスコ市で署名された日本国との平和条約第二条に基づき、台湾および澎湖諸島並びに新南群島及び西沙群島に対するすべての権利、権原及び請求権を放棄したことが承認される」と。ここからも分かるように、まず日華平和条約とは、サ条約とのリンク関係がはっきりした「片面講和」の延長上にあるもの、ということである。しかもここで最も興味深いことは、現在における日本の外務省の見解である。外務省の公式見解では、例の台湾および澎湖諸島の帰属は未定、ということになっている。

　しかしながら中華民国側は、カイロ宣言、ポツダム宣言からの流れの中で、当然のことながら台湾および澎湖諸島は中国（中華民国）に復帰したことと解釈している。実にこの問題に関して、日本の外務省の解釈と中華民国（台湾側）との解釈との間では大きな落差があり、未だに平行線を辿っているのである。この問題は、あまり議論されたことがないわけであるが、現時点においても、実に東アジアにおける一つのスキャンダラスな事象である。

この問題は1970年代に入ると、さらなるネジレを生ずることになる。周知の通り、田中角栄内閣において、日本は結果として中華民国との国交が断絶することとなる行動として、大陸の中華人民共和国との国交を結ぶことになる。またここでも注意されるべきは、台湾をめぐる見解である。「国交正常化」にかかわる公的文書「日中共同声明」の第三項にはこうある。曰く「中華人民共和国政府は、台湾が中華人民共和国の領土の不可分の一部であることを重ねて表明する。日本国政府は、この中華人民共和国政府の立場を十分理解し、尊重し、ポツダム宣言第八項に基づく立場を堅持する」と。ともかくも日本はこのような公的文書を交わしているのであり、台湾問題に関連して、先に紹介した外務省の公式見解と矛盾を有しているということである。

しかもこの文面において「ポツダム宣言第八項に基づく立場を堅持する」とされていることが最も肝要なところである。ここで思い起こしたいのは、その第八項「日本国ノ主権ハ本州、北海道、九州、四国及吾等ノ決定スル諸小島ニ局限セラルベシ」である。２カ国間条約とは言えども、再度ポツダム宣言第八項を守ること、日本の領土は連合国側によって決められるという論理が義務付けられている。お互いの議会で批准していないものの、これを取り交わしたことは、やはり重要な事実として残るはずである。

●中国ナショナリズムからみた台湾

以上みて来たように、台湾問題とは、日本が帝国主義になり行くアクションの中で生じた割譲からの植民地時代を通過し、中国への復帰を予定されながらも、中国の内戦の帰趨が冷戦構造に組み込まれる中で、その位置と地位の不安定さとして浮上して来た歴史事象

である。そこで現在の台湾のあり様であるが、さらに1979年に人民共和国と米国とが国交を結ぶ中で、米国と中華民国は形式上において国交のない状態である。しかし冷戦構造の「傷痕」ともいえる台湾という存在は、現時点においても、太平洋を挟んだ米国と中国との間のヘゲモニー関係を表象する舞台ともなっている。その証左として、台湾にかかわるいわゆる「安全保障」は、米国の国内法たる「台湾関係法」によって規定されるのである。ある政治政体の安全保障が、ある国交のない国家の国内法によって制度化されているという奇妙な構図である。

ここで注意深くあらねばならないのは、この1979年の米中国交回復を一つの目印として、台湾から米軍基地がなくなっていることである。台湾にもかつては、韓国や日本（沖縄）、フィリピンと同様にして米軍の基地が置かれていた。そこで、この米軍基地が台湾から撤退した事情とは、やはり大陸の人民共和国との協議の中で為されたもの、と考えるのが至当であろう。つまり、台湾における米軍の撤退は、大陸の人民共和国政府の外交的勝利なのである。しかし、台湾にいる住民の大半は、この事実を顕在化させたくないという指向性を持っている。このことは、まさに台湾問題を介したところで関係する中国ナショナリズムの扱い方の難しさを表象する。

ここで視点を台湾側にも置いてみると、台湾内部の「中国」認識をめぐるイデオロギー状況の分析として、いわゆる省籍矛盾の枠組みを検討する必要もあろう。台湾において、1945年以前から台湾に居住している家系の人々を本省人と呼び、また1945年以降に大陸の国民党政権とともに台湾に渡って来た人々については、その祖籍からすれば台湾省の外ということになり、先の本省人との対比として外省人と称されている。この二つの歴史的由来をもつグループが「中国」認識をめぐって、また「台湾」の認識をめぐってしばしば考

え方の衝突をもたらすという現象を省籍矛盾と呼ぶ。

　私見であるが、この省籍矛盾が表面化して来たのは実は1980年代以降のことである。台湾由来の民進党などの政党は、この省籍矛盾をむしろ煽るような言説を展開して来たことがあり、ここに多く省籍矛盾の拡大をみることができる。また当然のこと、先に述べた1979年に米中国交が回復され、国民党政権の中国の統治者としての正統性が揺らいだことが、「中国」ではなく「台湾」を選ぶという、主に本省人側の態度決定を促したことも予想に違わないところである。

　ただし、このような省籍矛盾を単純な対立構造でみるだけでは、台湾問題をめぐる中国ナショナリズムのあり様は分析できないだろうと思われる。ここで二つの側面を考えてみたい。一つは、中華民国台湾の国是とも言うべき政策が、特に教育分野において強調されることになる反共イデオロギーであったということ。ここでももっと深い部分では、本省人と外省人には違いが見受けられる。つまりそれは、外省人の一世たちは、大陸での内戦の経験もあることから、実は共産党とはどういうものであるかが分かっている、という前提である。それに比して本省人は、基本的には共産党とはどんなものかは知らないわけで、むしろ純粋に反共化されたのは彼らであるという見方も生じ得る。台湾は日本に比べると、非常にハードな反共政策が行われ、かつては少しでもそのような気配があると逮捕の口実になっていた。そこで現在、改革開放下の大陸中国において、多くの台湾人ビジネスマンが大陸中国で「活躍」している一方、政治体制において大陸中国の変化を評価する視点は、実に放置されたままになっているようにも観察される。

　次にこの反共イデオロギーの浸透とリンクする第二点として挙げられるのが、台湾の戦前の日本植民地統治に対する評価の分岐であ

る。本省人は、自らの家系における日本植民時代への評価について、1980年代まで国民党政権からはネガティブな刻印を押されていたわけだが、政権与党が交代し民進党政権下になると一定の変化を迎えることになった。日本植民地統治時代に関して、植民地近代化論など肯定的な側面も強調されるようになり、まさに台湾を二分する議論の核心部分となった。一方の外省人からするならば、自身の知らない歴史にかかわることであり、特に植民地時代を美化する言説について彼らからは困惑しか出て来ないであろう。

　以上、台湾内部のイデオロギー状況を瞥見したわけであるが、大陸中国側からみるならば、まさに反共イデオロギーというもの、また日本植民地統治に対する肯定的評価は、実にネガティブな現象として観察されることにはなる。しかし台湾をどのように扱うか、その実務的な思考法としては、既に一国二制度論があり、そういったイデオロギー的問題は実際には回避できる仕組みとなっている。こういった現段階の水準から鑑みて、大陸中国人においては、人民共和国政府の発表した一国二制度論に反対する要因はないのであり、ある意味ではこの案に任せておく、という態度に終始することになる。その意味からして、大陸中国人は全体として、台湾内部の問題に関して、大きな関心を持たなくても良い状態となっている。大陸政府としては、台湾が自身の不可侵たる領土としてありながらそれが奪われた要因として、日本、あるいは米国のかつての事績を批判すればよいわけである。

　しかし一方の台湾住民の側からすると、大陸中国は経済グローバリズムの進展の中で、巨大な労働力とモノを売る市場と、さらに恰好の活躍（投資）の場でもある。大なり小なり、大陸中国を本質的に把握しなければならない立場に立たされている。しかしこれは、実に一朝一夕のことではない。香港における自治権拡大運動などの

進展のあり様を観察しながら、大陸政府の態度を注視しながら、また台湾における政権党の選択に主体的に関与して行くしかないであろう。

●東アジアの内部矛盾

　以上、台湾問題を考えることは、台湾のことを考えるだけでは収まらないものであり、むしろ構造的に中国ナショナリズムのあり様を考える上での格好の補助線ともなり得るものである。そこで本章の最後に考えなければならないのは、日本にとってこの台湾問題と、そして中国ナショナリズムをどのように整合的に考えるかということである。

　現時点において、台湾には大陸の政権とは独立した独自の政治政体が機能していることは間違いないところである。しかしもう一つの評価の尺度としては、台湾問題はやはり現代中国史の内部の問題としても扱う視点が必要であり、さらに冷戦構造の枠において留め置かれた問題として扱わねばならない位相も存在している。その意味でも、台湾問題を考える場合には、東アジアの「脱冷戦」という実践的な立場設定が重要であろうと思われる。

　これは実に朝鮮半島においても言えていることで、朝鮮半島が日本統治から離れた1945年の段階において、ほぼ大多数の朝鮮人にとっての解放は、統一された朝鮮の国家建設へと向かうべき歴史的ベクトルを有していた。やや単純化して言えば、冷戦構造の敷設によって、この意志が絶たれたということになる。これと同じような意味合いにおいて、台湾にしても1945年から1949年の間の段階では、ほんどの人間は、台湾が大陸中国とは切り離された地域として統治形態を持つことになるだろうとは予想していなかった。先に述

べた通り、台湾問題は直接的には朝鮮戦争の勃発とともに変更された、米国の反共防衛ラインの引き直しによって生じたものである。その意味でも、台湾問題の解決とは、「脱冷戦」という――ある意味はっきりとした具体的なイメージがみえているわけではないにしても――実践的な志向性において方途がみえて来るものではないかと思われる。

　そこで日本の側から考えなければならないのは、日本側からする「脱冷戦」という実践がいかなるものであるか、ということである。まずサ条約とともに締結された２カ国間条約としての日米安全保障条約システムがあるわけで、これによって日本国内の米軍の地位が確定している。この日米安保条約こそ、東アジア地域における冷戦構造の支柱ともなって、東アジアの脱冷戦過程が進行しない大きな桎梏の一つであることは、やはり認めねばならないものである。日本の政治家の中では、時に台湾をめぐる軍事的緊張が高まった場合に、日米安全保障条約のカバーする範囲を台湾海峡にまで広げるべきだ、という意見が存在している。これこそ、日本政府がこれまで「脱冷戦」を本気で志向して来なかった最たる例証であろう。東アジアの脱冷戦という課題からみた場合に、日本にはこのような問題があるということ、すなわち台湾問題というよもむしろ「日本問題」というものがあることを自覚する必要がある。

第2部
社会基盤にみる中国ナショナリズム

第4章 ナショナリズムと「革命」

●なぜ「革命」がキーワードに？

　序章でも触れたように、本書は、中国のナショナリズムを考察する際に、それを特に現代中国の歴史にかかわる問題として取り挙げようとしている。そしてナショナリズムの発現の位相において歴史ナショナリズムというもの、つまり近代以降の歴史的経験の蓄積と解釈が、時と状況に応じて鋭く反応することも述べた。いずれにせよ、国民国家形成の途上にある中での苦難の記憶が刻印されるわけだが、そこで大きく二つのカテゴリーに分けると、一つは祖国防衛戦争であり、もう一つは国民国家形成の途中で現れた長期に渡る革命状況である。そして現代中国の生成において、この二つ、祖国防衛戦争と革命運動は、分析カテゴリーとしては分けられるものの、そのプロセスにおいては実に渾然一体のものとしてあったと言える。それは、最後の革命状況ともみられる文革にしてもそうであった。1965年から始まるベトナム戦争は、中国に近接した戦争であり、次の戦場となるのは中国となる、という想定が確かにあった。ベトナム戦争は、1965年から1975年までのプロセスであったとするならば、正確に文革の期間は、1966年からで、また共産党による終了の宣言が1976年であるのなら、先の祖国防衛戦争と革命状況とは、やはり現代中国においては表裏一体のものとして進行したこと

が理解されるであろう。

　なぜこの二つが表裏一体のものとして出て来るのかは、簡単に申せば、対外危機が急速な体制変革への衝動となって発現するというパターンである。ただそのパターンの内実は、時に複雑に変化しているのであり、注意を要することになる。たとえば先の文革の時期には、ソ連との間での対外危機も存在していたのであり、祖国防衛の内実はさらに複雑なものだったはずであり、またこの問題の複雑さは、やはり文革の内実の複雑さに反映するものとなるだろう。

　文革のことはまた後に論じることにして、ともかくも現代中国のあり様を深く分析するためにも、いかに「革命」をキーワードとするのかについて、一定の心構えがなければならないだろう。それは日本の近代化に比するならば、ある程度は明らかで、革命状況と考えられる時期が実に長いということである。辛亥革命の前段階において、清朝の改革運動たる戊戌の変法と呼ばれる改革運動が弾圧されるのが、1898年であり、これを受けて革命運動が活発になる。そして辛亥革命に向けた革命組織、孫文によって創設された中国同盟会の発足が1905年のことである。ここから文革の終了が明確になる1976年まで、実に不断に革命運動が断続していた、と考えてもよいはずだ。すなわち、中国革命の期間は、だいたい70年の長さを有するということになる。

●日本近代史の視座から

　では、これに比して日本のケースを取り挙げてみるとどうであろうか。日本での国民国家形成にかかわって現象した革命状況は、つまり後に明治維新と呼ばれるプロセスである。当時、この一連のプロセスはエリート層だけでなく、民衆なども使用した呼び名とし

て、ただ「御一新」などと呼ばれていた。後の学者による定義からすると、たとえば中江兆民などはそれを「革命」として位置づけ、そのような意味合いでの考察を行ってきた。また実証的にも、自由民権運動の中においても、民権を拡張する運動のプロセスを「革命」として位置づける言論や態度がずっと存在していた。たとえば、実力行動をともなった事件として、金貸し業者と行政が一体になって農民を苦しめていた状況から蜂起に至った秩父困民党事件などがある。明治の「地租改正」の前後、日本では多くの地方で農民などを主体とした一揆が頻発していた。そこでたとえば、秩父困民党側が使った言葉は「革命」であり、彼らが占拠し結集した施設は、「革命本部」とされたのである。明らかに彼らの念頭にあったのは、明治「維新」のあのプロセスを革命過程として実感し、それをさらに民権の拡張へと結びつける態度であった。

　その一方で、明治維新を「維新」と名付けそして定着させたのは、後の明治政府の決定による。明治政府にとってみれば、憲法体制をスタートさせたからには、革命（レボリューション）は自身が転覆される不穏な記号となってしまったのであろう。

　いずれにせよ、明治維新のプロセスを1年余りの短期としてみる見方も存在する一方、これを長く明治帝国憲法の成立の1889年にまで延長させる考え方も存在していた。ただし後者を採ったとすると、明治政府が鎮圧した西南戦争などどちらが革命かどちらが反革命となるのか判然としないのだが、やはり明治維新の延長線上で起きた出来事であった。また先に述べた秩父困民党事件など含んだ意味で、自由民権運動もその延長として革命状況のカテゴリーに入ることになろう。ただいずれにせよ、そう呼べる期間も20年の期間であり、当然のこと中国と比べるならば、たとえば死傷者の数の比較で（戊辰戦争や西南の役などでの死傷は激しいものの）、さほど多くはな

いと言えるだろう。

　ここでキーポイントとなるのは、明治日本の場合、明治帝国憲法の発布まで、さしたる対外戦争の危機が生じていなかったという事実がある。この点も、やはり中国の革命状況と違っていることは押さえておく必要がある。なぜこの期間の日本においては、危機が拡大しなかったのか。大体においてヨーロッパ列強からの地政的条件が幸いしたこと、大政奉還から明治政府の成立までの最大の危機的状況において、列強が他の地域での危機処理に追われていたことなどが挙げられよう。

　もう一度翻って、中国革命について考えると、実に先に述べた70年という期間の長さというもの、不断に尋常ならざる対外危機に晒され続けていたことなど、近代日本とは根本的に違った条件にあったことを冷静に観察する必要がある。対外的危機も抱えた70年の革命プロセスは、そしてやはりその独自の国民国家形成に独自の色彩を加えたはずであり、その歴史経験の重みを軽くみることはできない。簡単な定義としても、そもそも革命とは、国内において敵味方に分かれてギリギリの闘争をすることなのである。逆に言えば、この闘争の中で、つまり国民国家形成が進展したことになるのであり、さらに結果として述べてしまうなら、中国は革命という手段を通じて近代国家形成そのものを推進したことになる。中国においては、近代化と国家形成とそして革命運動とが一体のものとして分析されねばならないのだ。

　以上の問題設定を受けて、さらに日本との比較から、中国革命が持つ意味に深く接近してみたい。先に述べた革命状況の期間の長さとも関連して、アジアの各国家が有した近代化の条件の違い、およびその条件の違いがもたらした民族や国家の性格の違いに言及した人物として、日本の思想家では竹内好がいる。竹内好は1910年生ま

れで、その評論家としての活躍はだいたい戦後からのものとなるが、彼が歴史的事象としてポイントにおいたのは、他ならぬ五・四運動であった。辛亥革命は、いわば清朝から民国への体制転換であるが、近代化を物質的な進歩や新たな制度の導入ではなく、精神的な問題として提起したのが五・四運動であった、ということになる。ちなみにこの知見は、当然ながら同時代として、五・四運動を経験したからではなく、当時日本と中国を訪れていた米国の哲学者ジョン・デューイの知見を参考にしたことが大きいようである。

　日本の近代化の原点をかりに明治維新とすれば、一八六八年ですね。中国における近代化はいつからかというと、いろいろ説がありますが、仮に五・四運動とすれば一九一九年ですね。五十年違う。日本のほうがずっと早くて、中国はずっと遅い。なぜ時期が違うかということが一つ問題である。これは日本のほうが適応性があったということで説明できる。封建制を解体して、近代国家をつくる、近代文化を取り入れることに早く成功したわけです。ほかの国はそうではなくて、インドとか中国は植民地化される。これが一つ。しかし同時に、別の問題がある。その後に出て来る近代化の質についてです。日本の場合ですと、構造的なものを残して、その上にまばらに西洋文明が砂糖みたいに外をくるんでいる。中国はそうではなくて、デューイの考え方によれば、元の中国的なものは非常に強固で崩れない。だから近代化にすぐ適応できない。ところが一旦それが入って来ると、構造的なものをこわして、中から自発的な力を生み出す。そこに質的な差が生ずるということです。表面は混乱しているけれども、西洋人の目から見た近代性という点でははるかに中国のほうが日本より近代的であるということを言っております。(竹内好「方法としてのアジ

ア」1960年、国際基督教大学アジア文化研究委員会での講演、『竹内好セレクションⅡ』日本経済評論社、2006年所収)

　ここでの重要な論点は、近代化を「質」の問題として論じていることである。ただこの「質」と絡んで、「西洋人の目から見た近代性という点でははるかに中国のほうが日本より近代的である」とはまた、どういうことであるのか。様々な想念が出て来る。一般的には、日本の近代化の方がノーマルな西洋型のそれであり、中国の近代の形態は特殊なもの、とされているからだ。ここからも認識しなければならないのは、やはり中国革命がどのような必然性の下に進行したかであり、そのパターンがなぜこちら側からは特殊で特異なものとみえてしまうか、ということである。

●世界史の視座から

　そこで考えてみなければならないのは、世界史的視座からもう一度中国の近代のあり様を振り返ってみることであろう。比較的孤立してあった日本も含めた東アジア世界を世界史の中に入れてしまったのは、間違いなく西洋近代の圧倒的な力である。その力の現前に際して、旧体制ではもたないとの危機意識と判断が、特にインテリ層を中心に高まったことが挙げられよう。西洋近代の圧倒的な力は、現地を征服した後の植民地支配の形態を伴って、あるいはややソフトな形では不平等条約の締結をもって東アジア世界を侵食していった。

　ではどのような様相で、東アジアは世界史に組み込まれたのか。先に引用した竹内好がインドをもう一つの参照軸にしていたわけだが、中国への侵入に先だってイギリスは既に、インドのムガール帝

第4章 ナショナリズムと「革命」 103

国を廃絶に持ち込み、インド産の綿花を材料としてそれを自国の繊維産業の発展に繋げるとともに、アヘンの栽培に乗り出していた。それをまた中国に持ち込むわけだが、中国からは絹や茶がイギリスに輸出されることとなった。清朝からすると、輸入超過した分はメキシコ産の銀で支払わなければならないことになる。ヨーロッパによって見出された植民地的宛先としてのインドと中国とそしてメキシコが、世界史的に出会わされたことになる。そしてすぐに理解できるように、アヘンの害悪に関しては、一方的に中国に残されることになったのである。

このような世界的な偏りのある経済循環の下に置かれた中国は、体制変革を求める潮流の中で、改良主義的な方策では間に合わず、むしろ革命を通じて己の近代を目指すことになった。その反面、自身の大地を完全にコントロールされるに至った英領インドは、むしろ革命的なアクションは不可能であり、改良主義的な方策において、脱植民地化の機会をうかがうこととなるのである。では、中国の革命は何に範を採ったのか、それは実に日本の明治維新、フランスの革命、アメリカの独立革命、そして最後にロシア革命などとなる。既に説明したように、辛亥革命の後にも、中国は軍閥が力を持つなど不安的な状態が打ち続き、イギリス型の立憲政治では地方から出て来た議員が自己の利益に沿った問題にこだわるばかりで、根本的な解決は望みようもなかった。そこで、ロシア革命後の1921年には、上海にて中国共産党が創設され、また孫文なども、ソ連から物心両面に渡る援助を受けて、「革命」を旗印に国内統一に向かうことになったのである。

辛亥革命後、ヨーロッパでは第一次世界大戦が勃発、そのプロセスに触発されたロシアのボルシェビキが十月革命を成功させ、ソヴィエト社会主義共和国連邦を形成していた。ここで一つの大きな

モメントとなるのが、この1917年に引き起こされたロシア革命のインパクトである。ロシアの革命後の政権は、かつて帝政時に奪った領土を中華民国に返還すると約束するなど、中国人全体にとって帝国主義国家とは別のコンセプトを持つ近代化のパターンとして眺められつつあった。またロシア革命を導いたレーニンは、ロシア革命の成功のすぐ後に、民族自決を世界全体の原則とすべき、というステイトメントを発表、世界中の植民地となった地域、半植民地状態となった地域や国家に希望を与えることになった。

　このような意味合いから、先に述べたように、世界的な広がりをもって、ロシア革命が革命を導く一つのモデルとして特にインテリ層を中心に受け入れられたのである。ここでも一つ興味深い対比を述べるならば、このいわゆるマルクス・レーニン主義の伝播である。日本においても共産党が1922年に結党されており、モスクワを中心とした国際共産主義運動（コミンテルン）の支部として活動するに至っている。この日本の共産党は、また中国共産党と同様にして、革命を領導していく理論的な方面でも、ソ連の影響を深く受けることになるのだが、ロシア革命の範例を適応させて、およそ君主制の廃絶があってその後に社会主義革命が展望されるというコースを念頭に活動が為されることになる。興味深いのは、ここで私たちが知ることになる、日本における右翼／左翼の明瞭な分化がみられることになった、という事実である。ロシア革命はそのプロセスの中でロマノフ王朝を廃絶し、さらにその類縁を追って革命過程が進行していった。このようなロシア革命を範例としてもたらすことは、当時の日本においては実に驚くべきことであったと言えるだろう。「国体護持」というスローガンは、まさにこのような歴史状況に起因している。先に右と左の分化ということを述べたが、日本の右翼の源流とも呼ばれる玄洋社、黒龍会などの組織は、ロマノフ王

朝の廃絶が為される以前においては、およそロシア革命に対して支持する立場であったのだ。

この意味からも、日本国内において、ロシア革命の影響は、それ以前の別の社会主義潮流が下火になったことも含めて、実に隠然たる複雑な影響をもたらしたと言える。その証拠に、やはり日本共産党は、天皇制打倒のスローガンを主たる理由によって、1933年に日本の国家権力による大量逮捕の結果をみた後、大量の転向者を生み出し、この後にはさしたる影響力を発揮できなくなったのである。

これとの類比において、もちろん中国においても、ロシア革命の影響を受けたマルクス・レーニン主義は過激思想として扱われ、端的に排除されようとした時期もあった。特に、第一次国共合作が1927年4月の蔣介石(しょうかいせき)による反共クーデタで崩壊した後は、かなりの締め付けが中国全土を覆うことになった。しかし中国におけるマルクス・レーニン主義は、日本のようなパターンによってその実践の契機が消滅することはなかった。それは、中国においては既に共和制になっていたから(君主制への揺り戻しの動きもあったが、成功しなかった)、という言い方もできよう。さらに中国の場合には、マルクス・レーニン主義が入り込むほどの国内外の混乱が基礎的な条件になっていたということであろう。

問題はこの後で、中国におけるマルクス・レーニン主義は本土化の運命を辿ることとなった、ということである。ソ連式の革命理論では、軍事的な都市の制圧が先に立つ発想であり、またその担い手は労働者・兵士であった。しかし当時の中国において、都市の労働者は少なく、圧倒的人口は農民であった。また、都市には既に武装した国民党の軍隊、軍閥の軍隊が居て、共産党側の組織する軍隊には近代的な装備に欠けていた。そういうわけで、中国共産党は、長期に渡る辺境での根拠地作りというものが革命の主要な路線となっ

たが、これは実にソ連型の革命モデルを相対化するものであった。

　このような意味からも、中国における革命の方式は、中国の地理的、社会的状況に合わせて本土化されるほかなかった。このことは、やはり後の中国の「自主」の精神にも響いて来ることである。中国共産党は、後にソ連共産党からの「自立」を達成して行くことになるわけだが、実にこの自立の契機は、1920年代後半から1930年代にかけての時期に孕まれていた、ということになるだろう。中国革命は、他の革命モデルの模倣から、やはりナショナルなものへと転じて行ったのである。

●中国革命における「階級」

　ここからは、共産党の持った理論と実践の内実に向けての分析をしてみたい。マルクス・レーニン主義は、プロレタリアートという生産手段を所有しない労働階級を革命の主体と捉え、生産手段を所有するブルジョアジーとその代理人が運営する国家社会のシステムを奪取、全ての支配権を得ることをその旨とする。こういった考え方が中国で導入されることになった端緒は、やはりインテリ層からであった。マルクス・レーニン主義は、大学の中での研究からもたらされ、次いでモスクワを中心とした国際共産主義運動（第三インターナショナル）の支部として中国共産党が発足する、という流れになる。

　1921年に創立された中国共産党であるが、その発足に参加していたのは、マルクス・レーニン主義の教義に惹かれた中国のインテリたち、そしてソ連のモスクワから派遣された政治工作者であった。またその発足の場所が上海であったのも象徴的である。上海は、まさに租界地区を中心として発達し、また日本を含む西洋列強が投資

第4章 ナショナリズムと「革命」 107

した工業化の進展するセンターともなった一大都市である。その意味でも、中国共産党がこの上海に創立されたことは、象徴的な意味を含んでいたことになる。しかし周知の通り、中国共産党がその後のテーゼとして行くのは、農村が都市を包囲する、という戦略であった。

　総体としてみれば、1920年代から1930年代にかけて、マルクス主義におけるプロレタリアート概念の主要部分たる（生産手段を全くもたない）工場労働者の比率は、まさに微々たるものであったろう。圧倒的な人口は、農村地区に存在する農民大衆である。その農民は、自身の土地を耕す自作農と土地を借りて耕す小作農とがあったとするならば、ほとんどの農民人口はそれらの間の曖昧な境界に存在していたことになる。一般的な習慣として、働きと収穫の出来が良く豊かになった農民は、田畑を買ってそれを増やしていくのである（ちなみに毛沢東の父親もそのような上昇志向をもった農民であった）。こういった文脈では、マルクス主義の正確な定義で言うならば、農民は土地という生産手段を所有している限り、プチブルジョアジーに分類される。また商工業者にしても、当時の中国においては、零細な資本と生産手段を所有する伝統的な庶民であった。プロレタリアートの定義でいうところの無産者たる労働者階級は、この時には大工場に固定して存在していなかった。中国にいたのは、流動化した季節農民、また季節労働者であり、組織化は極めて難しいのであった。またインテリたちは、科挙合格のための伝統的な書院（寺子屋）の教育体系から抜け出たばかりの時期で、多くは学校教育や行政官僚および専門的な職種にまばらに存在しているにすぎず、彼らは元々伝統的な社会構成では中から上の階層に属する人々であった。

　では、実際のところマルクス主義が主張するところのプロレタリアートを主軸とする革命の理論と具体的な行動は、どのように機能

したことになるのか。先に述べたように、当時の中国においてプロレタリアートと認定できるような人口はほとんど存在していなかった。その意味で、階級的思考は実証的な位相で機能したのではなく、一つの革命のための理論装置、あるいは理念として機能していたのだと言えよう。そのためこのプロレタリアートは、ほとんど想像の対象としては、貧しい人々や庶民という意味であった。そしてまたそのような人々をいかに国民化して行くのか、また革命の事業に参加してもらえるか、という意味での革命家の側の実践を駆動する抽象的素材なのであった。総じて、このプロレタリアートという主体を想定したことで願われたことは、つまり階級搾取を失くさねばならない、これこそが国や社会の最も主要な矛盾なのだ、という確信であった。プロレタリアートという概念は、搾取されている階級であり、搾取している階級との対立面で想定されたことになる。さらにまた、そのようなプロレタリアートは、国際帝国主義の圧迫下において呻吟する中華民族そのものにも延長されていることとなった。

このような階級政治にかかわって、中国の使用法は、またやはりマルクス・レーニン主義のその独自の実践的局面において、多分に教科書的に定義されたものの通りには遂行されなかった。そこで最大のリトマス試験紙になるのは、マルクス主義の基本教義であるところの、階級闘争史観である。つまり、歴史の進歩の原動力は階級闘争によるものだという考え方である。もちろん、中国共産党は、この教義に反対することはなく、この教義を基本として彼らの実践を突き進めたはずである。しかし、実際のところはそうとも言えないのであった。

中国共産党の主要舞台は、1927年から始まる江西省、福建省などをそのエリアとした根拠地闘争であったが、1935年には国民党の軍

事圧力を逃れて、陝西省の延安へと根拠地を移していくわけである。では、そこで行われた運動は、教科書通りの階級闘争であっただろうか。一面ではそのようにも言えるだろう。共産党は根拠地において、地主の土地の一部を取り挙げて小作に分配する土地改革を実施していた。しかし実のところ、地主を小作へと追い落とすことはしなかった。実際のところ、地主の土地を取り挙げることもせず、ただ地租を減免させただけの地域もあった。果たしてこれは何を意味するのだろうか。実際のところ根拠地運動において必要なことは、農村共同体をなるべくそのままの形で取り込み、共同体全体の協力を得ることであり、むしろこのやり方が功を奏したのである。要するに地主をも取り込んだ、といって差し支えない。ソ連方式のように、すべての土地を召し上げ均等に分配するのでは、それまでの村落共同体の秩序を根本的に破壊することになり、協力が得られないことが理解されたからである。ここでも、ソ連方式の模倣ではなく実地に試した経験の蓄積が生かされるなど、いわゆるマルクス主義の本土化が進行したのだと言える。

またもう一点重要なことは、この根拠地闘争において、階級闘争という概念からするとむしろ逆のことが生じていた、という指摘が可能である。根拠地闘争において共産党側の軍隊である紅軍に編成されたのは、農民だけでなく、現地の匪賊に近い人々であった。またさらに共産党の思想教育方面の指導員としては、都市出身の知識人などが組み込まれたことになる。するとここで生じたことは、この根拠地に集まり集団となって行くプロセスでは、むしろ出身階級での位置が相対化され、革命運動へ向けて再組織化されたということ。すなわち、階級闘争ではなく、「階級連帯」が生じたと言えるわけである。これはやはり、中国的なマルクス主義、また階級概念の展開が持った一つの独自性であった。

ただこの根拠地における階級連帯主義において重要になるのは、革命運動に向けた意志の統一という側面であろう。たとえば、農民出身の人間は紅軍とともに行動する限りにおいて、それまでの農村での活動とは別のサイクルでの生活を始めなければならない。また匪賊出身の者は、自分たちの利害ではなく、紅軍の利害、党の利害を優先させねばならず、またそこではこれまでの秩序とは異なる革命道徳を受け入れなければならない。さらにインテリは、それまでの都市生活における特権を部分的に放棄するだけでなく、それまでの学問のやり方を変え、実際に農民にとって役に立つ知識や活動の方式を発案しなければならなくなった。このように根拠地運動においては、共産党勢力を殲滅せんとした国民党軍からの攻撃時期を除いて、平時において求められた活動は、現地での行政業務や治安管理以上に、持続的な相互の教育と学習なのであった。

　こういった根拠地において発展した一つの考え方として、「思想改造」というコンセプトがある。すなわち、そこに行き着くまでの階級社会において形成されて来た習慣を変え、根拠地闘争にあった思想を身につけねばならない、としたことであった。これは中国の革命運動において、とりわけ共産党の根拠地運動期において普及することになったが、今日においても、党員の「学習」を重視するなどのあり方として継承されているものである。

　当然のこと、欧米社会において、「思想改造」は馴染みのあるものではなく、革命中国を冷戦思考の法則に沿って非難する場合に取り挙げられるタームともなっている。ただこのような思想改造であるが、それが重視される契機となったのが、根拠地運動の時期において「階級連帯」が必要性において生じたことは、やはり記憶されねばならないことである。全く根拠のないところから、そのような手法が出て来たわけではなかったということである。

●「文革」／ポスト「文革」をどうみるか

　現代中国において近代革命の歴史が、その自国家への認識において大きな影響を与えたことに間違いはない。ただ、それがもう一つのテーマであるナショナリズムにどう接合されているのかという分析課題を設定した場合、革命のプロセスが最終的には国民的統一にどのようなインパクトを与えることとなったのか、振り返ってみることが必要となる。

　そこで考えてみたいのは、実質的な中国革命における最終段階とも呼べる1966年から1976年の10年間の文化大革命期とその後の時間にかかわる分析である。ここで必要なことは、文革期において進展した革命の内容そのものよりも、中国社会の社会的性格の変化である。さてこの文革期は、毛沢東への個人崇拝が最高潮に達した時期であるが、そこで社会的施策として奨励された運動形態として、随時『毛主席語録』を唱和する運動があった。いわば、聖なる文字としての毛沢東の言葉を全国民が学習するだけでなく、それをみなで唱和する契機が全国津々浦々に拡大したということである。この時期、青年たちは、無賃乗車などが出来た時期もあり、また文革中期から多くの知識青年が地方に赴き、農作業、工場労働、教育作業に携わっていた。実にこの時、普通話（標準中国語）の発音体系が全国的な範囲で優勢となり、この時期に育った世代は、ほぼこの普通話を標準的に話し、また聞く能力を持つこととなった。

　むしろこの時期にこそ、先ほどの説明で言えば、階級闘争が活発となり、そのための社会混乱と人々の感情面での分裂が引き起こされたわけである。しかしまた先ほど述べた通り、一見矛盾するようだが、同時に音声を通じた国民的同一性がにわかに形成されること

にもなったわけである。これ以後、中国においては、新聞などの文字メディアだけでなく、ラジオやテレビなど、音声が大きなウェイトを占めるメディアが社会の全領域に浸透、結果として国民的同一性が達成されることとなった。

さらにもう一つ付け加えると、文革を背後からコントロールし、また文革期を終わらせて改革開放に向かう過渡期を安定的なものとしたのは、実に解放軍であったことも記憶しておく必要がある。先に述べたが、『毛主席語録』のアイディアが出て来たのも、当時林彪(りんぴょう)が主導権を握った解放軍からであった。何よりも重要なことは、近代国家における国民的同一性を担保する機関として、やはり「軍」は学校組織にもまして必要視されるのは自明なことであろう。なぜなら、軍隊組織において最も重要なことは、上官からの音声による命令をきちんと受け取る主体の形成であるからだ。これは日本なども含めて、多くの第三世界国家が通過したモメントである。

いずれにせよ、文革はその革命過程において多くの国民を傷つけ、分裂をもたらしたわけだが、しかし自然の狡知とも呼べる革命のプロセスの中で、しっかりと国民的統一を用意してしまったということになる。中国における今日のナショナリズムの水位を推し量る上でも、この言語音声の統一という側面は、やはり見逃してはならない論点であると言える。言うならば、この言語音声の統一によって、中国に根強く存在していた地方的独立性はその土台から変容させられたことになるからだ。

以上、言語文化の側面から、文革期からポスト文革期にかけて成立したナショナルなものの統一について述べたわけだが、これ以後の歴史においてやはりみなければならないのは、実質的に革命運動を否定した上での「近代化」のやり直しという意味における改革開放政策への評価である。文革が否定され、そして外国との間での開

かれた「関係」が目指された改革開放期であった。ただしかし、どこかで革命の余韻が存在していたことも事実である。実は1980年代は、改革開放へと舵取りを行った共産党への求心力が再び高まっていた時期でもあった。そこで新たな解釈として、国を豊かにし社会の生産性をあげる革命理論として、鄧小平思想が大きな力を持つこととなった。そこで1980年代に鄧小平が唱えたのは、社会主義初級段階理論なのであった。

国がこんなにも大きく、こんなにも貧しいのに、生産の発展に努めなければ、どうやって暮らしていけるだろうか。わが国の人民の生活がこんなにも困難なのに、社会主義の優位をどうやって大言できるだろう。「四人組」が「貧しい社会主義」、「貧しい共産主義」をやるとわめき立て、共産主義は主に精神面のものだなどとでたらめを言ったが、これは荒唐無稽もはなはだしい。社会主義は共産主義の第一段階である、とわれわれは言ってきたが、立ち遅れた国が社会主義を建設するには、当初の非常に長い期間、生産力水準は発達した資本主義国に及ばないし、貧困を完全になくすことも不可能である。だから、社会主義は生産力の発展に大いに力を入れ、少しずつ貧困をなくし、人民の生活レベルを絶えず向上させていかなければならないのである。さもなければ、社会主義はどうやって資本主義に打ち勝つことができるだろうか。
(鄧小平「一意専心建設を進める」1982年、『鄧小平文選』テン・ブックス、1995年、26頁)

鄧小平の貢献とは、文革の混乱を収拾し、中国を国際的な経済環境の中に軟着陸させたことと言われている。ただ、私見によれば、1989年の六・四天安門事件などの事績から考えれば、実に軟着陸と

も呼べないところが事実であるのかもしれない。ただここでみておきたいのは、鄧小平が「社会主義はどうやって資本主義に打ち勝つことができるだろうか」と述べているように、資本主義国家へ挑戦する中国の社会主義を対置する構図を堅持していることである。現在の時点においても、鄧小平が述べたところの生産力を向上させる旗振り役として共産党がある限りにおいて、何がしか「革命」が進行中のような印象も受けないわけでもない。

　そこで印象として思うことは、文革までの時期とはいわば国民国家としての体裁を完成させる基礎作りの期間であった——このような社会主義初級段階論もあながち間違った認識ではないということである。日本社会が1945年に第二次世界大戦を敗戦という形で終え、再びの出発を遂げたことと同じような意味で、文革を終えて改革開放を始動したこととは、これに似た「第二の出発」であったという見方も可能である。このような見方を採るなら、つまり国民国家形成の歴史という軸をとった場合に、中国は実にまだまだ若々しい国家であると言えるかもしれないのである。

第5章 ナショナリズムと「党」

●君主から「党」へ

　形式上は複数政党制を採っており、いわゆる民主党派が存在するものの、現在の中国は、基本的に共産党による指導体制を主要な統治形態としている。ここで思い起こしたいのは、台湾の（中国）国民党である。かつて国民党は中国大陸を統治する主要な大政党であったし、かつては状況の要請により共産党と合作していた時期も存在していた。いわば、20世紀の半ばにおいて、王朝が入れ替わったかのようにして共産党の体制が国民党政権に取って代わる形で大陸中国に成立しているということになる。

　この章で明らかにしたいのは、中国が近代国家形に向かう中で、なぜこのような形態の政党と国家の関係が成立したかということである。翻って申せば、実に中国における「党」のあり方は、いかにも日本や欧米のそれと違ったものである。大まかに言えば、西ヨーロッパで成立した政党は、国政の主要機関としての議会に議員を送り出す議員政党の色彩があって、それとの対比として中国の政党が特異なものにみえる、ということがまずあろう。しかし原理的に考えてみれば、政党は議員政党そのものとイコールではない。それは、近代社会において同じ政治的志向性を持つ党員の集まりを組織化したものであって、そこで必ずしも議員を送り出すことだけを目

的化したものでもなかった。こういったことは、現在における欧米の政党においても、いわゆる一般党員の多さ、また日常的な党活動の活発さによってそれを知ることができよう。

　さらに言えば、欧米において一般的なことであるが、たとえば社会民主党（あるいは社会党）は、インターナショナルな組織であって、国家の枠を超えて交流する回路を有している。また多く欧米の場合には、政党の下部組織として青年組織を持っている。この青年組織がまた、国境を超えた活動に携わる風景はよく見かけるところである。日本においては、ほとんどこれまでなかったか、あるいはなくなってしまったものである。よく言われていることであるが、第二次世界大戦後の独仏の和解を着実に進めることができた人材交流として、実はドイツ（かつて西ドイツ）の社会民主党とフランス社会党のそれぞれの傘下の青年組織が合同して、大規模な交流事業を行っていたことがよく挙げられている。これとの対比として、国内的な文脈に限られて議員政党の意味しかもたなくなった日本における党のあり様こそ特殊なのかもしれない。

　いずれにせよ近代政党は、近代国家とともに成立した概念であり、その近代的な政治を動かしていく主体として実体化したものであった。ここでの近代的なることとは、およそのところでは、君主制（および封建領主制）から離脱し近代民主主義国家に向かう歴史のベクトルを示すものであった。それはおよそのところで、ヨーロッパによって引き起こされた歴史的経緯である。それはまずもってイギリスの近代的発展に追いつこうとしたフランスの大革命において、最も典型的なあり様を示したことになる。次いで比較的遅く近代国家形成が始まったイタリアにおいて、やはり中央集権体制を作り出すべく最も重要視されたのは、政党という社会的組織であった。イタリアが生んだ思想家・アントニオ・グラムシは、「党」に

関連して以下のような定義を作り出している。つまりそれは「現代における君主としての『党』」である。

　現代の君主、神話としての君主は、実在の人物、具体的な個人ではありえない。それはひとつの有機体でのみありうる。それはひとつの複合的な社会的要素であって、それまで行動のうちにあらわれて部分ごとに自己を主張していた集合的意志がひとつのまとまった具体的な形姿をとりはじめたものである。この有機体は、歴史の発展によって既にあたえられている、政党がそれである。政党というのは、普遍的かつ全体的なものになろうとめざしている集合的意志のもろもろの萌芽がそこに要約されている最初の細胞なのだ。(アントニオ・グラムシ『現代の君主』青木書店、1994年、63頁、編訳：石堂清倫・前野良)

この簡潔な要約は、まさに政党が近代国家の成立になくてはならない概念であり、またそういった有機体として機能することが期待され、また翻っては近代的社会の性格そのものを表現する概念＝実体であると言っても過言ではないものである。つまりその歴史的ベクトルは、血筋ではなく組織、人格ではなく集団、であるということ。ただこのグラムシの問題設定の背景について押さえておくとすれば、一挙的に君主制を排除し、共和国を作らねばならなかったイタリア近代の歴史の切迫性が宿っていることに気付くであろう。それは、比較的長い期間を通じて、君主制が市民政治へと転換して行ったイギリス——君主という存在そのものを一挙的に廃止する緊急性を持たなかった国家——との対比においてみえて来ることである。

　さらにここで考えてみたいことは、グラムシの理路に従うなら

ば、党とは現代の君主であってみれば、また君主が担っていたとされる何かを新たな意味合いにおいて肩代わりするものとも言える。それに先に述べたところで、現代においても政党が単に議員を押し出すための器だけに止まらず、それは政治教育を行う機関でもあるということである。国家そのものが政治教育を行うなら、政治的価値の一元化と固定化をもたらすことになる。むしろ政治教育は、政党内部の議論と政党同士の議論によって促進されるもの、と考えてよかろう。ここでの政治教育というものを系譜的に辿るならば、かつての君主制においては「道徳的」な力の源泉として認められてきたものである。そのような意味で、またグラムシは先に述べた引用部分に続いて以下のようにも書き記していた。

　現代の君主は、知的道徳的改革の宣伝者にして組織者でなければならず、またそうでないわけにいかない。このことは、人民的─国民的な集合的意志が現代文明のよりすぐれた全体的な形態の実現にむかっていっそう発展していくための地盤をつくりだすことを意味している。（前掲書、66〜67頁）

すなわち、ここにおいて明らかなことは、どちらかというと国家こそは形式的に諸社会を取りまとめていくための器であり、その中で近代的人間が担うべき政治道徳を形成する役目として、実に政党がそれを行わなければならないというコンセプトである。知識社会学の創始者とも目されているカール・マンハイムが述べているように、政党とはまずもって政治的意識を涵養する学校なのだが、それは自身の「党」の利益を引き出すだけではなく、政治的自由を発揮し得る人材を生み出すものとして普遍的な機能を持たねばならないもの、とも主張していた。この意味において、政党とは実に近代国

家の形成において必要なものであると同時に、また国家そのものに同一化してはならないもの、またそうし得ないものと考える必要がある。

●中国における「党」の始まり

　中国の元々の伝統的な意味において党とは、古代より複数の家族が集まった共同体を示すものであった。だから、近代以前の地盤として地方の共同体を表す郷党という言葉、あるいは交通と輸送を担う地下ネットワーク的組織としての会党など自然発生的組織が存在していたわけで、また日常的に家族の父方を父党と呼んだり、母方を母党と呼んだりしていたわけである。しかしやはり、中国における近代国家の形成は、まず清朝を打倒する革命運動の中からできたものであれば、それは古い地盤の会党や郷党——たとえその力を借りることがあったとしても——ではなく、清朝の外側において、それを倒すための革命党として中国社会に出現したことになる。

　しかし興味深いことに、やはりこの清朝を打倒せんとする革命グループは、古い地方の地盤から完全に抜け出たものではなかった。辛亥革命に至るプロセスの中で、最終的には孫文たちによって形成されることになる中国革命同盟会であるが、これはもともと三つの地方を地盤とする組織がより合わさったもので、実際のところ内紛が絶えなかった。そのためもあり、1919年に辛亥革命が成功し、清朝を崩壊に導き、孫文が中華民国の臨時大統領に推挙されるも、孫文が作ろうとした政府は有効に機能しなかった。元々この辛亥革命の動力からして、地方の黒社会（マフィア）を統合する会党などが集めた私兵を主力とするものであった。出来上がったばかりの中華民国は、指導部の思惑がばらばらに動き出す個別の集団の寄せ集めに

過ぎなかったのである。またこのような混乱が引き続いた場合に、地方に散って行った清朝の残党が再び復興を夢みて反乱を起こす可能性があり、実際そのような事件も起きていた。全国的な統一を保つには、むしろ清朝の下で働いていた軍閥出身の大物、袁世凱を大統領に据えて中華民国は再出発せねばならなかった。しかしまた袁世凱は、自らを皇帝として認めさせようとしたり、民国がモデルとする共和に対する逆コースを歩もうとしたりするなど、憂うるべき現象が引き起こされていた。さらに袁世凱が急死すると、国内は実質上においても軍閥が分割支配するあり様へと転落し、帝国主義列強の介入を招きやすい混乱した社会状況が打ち続いた。

このような時期、中国内部においては、すでに1905年に科挙制度が廃止されていたこともあり、新式の教育を受けた知識人が育ちつつあった。その代表的な知識人のモデルとして、たとえば魯迅がいる。魯迅が書いた『阿Q正伝』(1921年) は、辛亥革命への幻滅と辛亥革命後の時代の混乱をパロディ化した小説として読める筋が潜在する。それで主人公の阿Qが参加するのが「革命党」なのだ。世の中を革新するという革命党でありながら、阿Qが加わった革命党は、権力と財産を狙う私党集団に過ぎないものとして描かれている。魯迅が『阿Q正伝』においてパロディ形式で叙述したのは、実に中国において近代的な政党、そしてまた近代的な人間も存在していないという観察である。

魯迅は、1919年の五・四運動を頂点とする新たな文化的潮流たる五・四新文化運動を担う知識人として登場したことになるが、当時の中国の現在と未来について非常にペシミスティックに観察していたように見受けられる。そこで魯迅の中で引っ掛かっていたことは、中国には政治的自由を行使できる国民がいまだ育っていないという自覚であった。こういった問題は、当時の中国知識人にとって

は、実に大きな問題であった。政治形態としては、君主制から共和制に変更されたわけであるが、その中身を担うべき新しい人間が育っていないのであった。すでに1905年に科挙制度が廃止され、新たな教育の枠組みとして、普通教育や、また西洋式の教育内容が導入されようともしていた。しかしこの教育は、直接的に時代の変革の波に対応するものではなかった。当時の混乱した状況においては、成人となった人々に対する教育も必要であったし、また十分に教育を受けられなかった人間であっても社会変革に向けて動員する必要があった。そこで、魯迅の中ではネガティブな存在として描かれていた革命党であったが、党自身がそのような教育機関としての役割を持たされることが期待されるようになっていた。

以下、引用するのは、中国における近代政党の確立に尽くした孫文が、五・四運動の翌年の1920年に語った言葉である。当時は、後に改組され制度化した国民党はまだ成立しておらず、過渡期的な形として中華革命党という党であった。この中華革命党をどのように変えていくかについて孫文は、以下のような提案を行っていた。そこで孫文が強調していたのは、まず国家と党の機能を区別し、国家は法に則って動かされるもの、党はその法を動かす人間とその主義(精神)を作るものだという考え方であった。

　中華革命党には幾つか加入の条件があって、当時の旧同盟会の人々は好ましく思わず、多くは反対に回り、ついにそれぞれ我が道を行くことになり、加入しなかった。実際のところ、彼らはよく分かっていなかった。何故なら党と国家は別物なのだということ、それをはっきり弁えていなかった。党が最も重視するのは主義である。つまり、かならずその主義を実行するため、人を重視せざるを得ないのである。元々旧国家の政治は人重視であった

が、モダンな新国家は、法重視である。では法はどこから来るのか？　われわれ人が造るものだ。だから、党の作用において、人重視とならざるを得ないのだ。党は元より人治で行く、法治ではない。われわれは法治国家を作ろうとしており、それはわれわれの党人の心にかかっている。党が団結し発展するのには二つの作用が必要である。一つは感情の作用であり、もう一つは主義の作用である。法治の作用、その効果は極めて少ない。この道理を理解すれば、まさに私がそういった条件を付け加えたかが分かるだろう。たとえば、私の革命の信条への服従を要求することがあって、みな違うと感じた。しかし私がそういった条件を出したことにも理由があるのだ。第二革命が失敗した病根を考えれば、明快だ。元々第二革命の時、われわれは袁と比べて地の理もあり力もあったし、財力も兵も足りていた。しかしどうして失敗したのか？　その原因は、袁一派には団結があり、民党にはそれがなかった。この欠陥を正すには、只一つ団結の方法が必要だ。だから私は信条への服従を要求しようとした。しかし当時の多くの同志は賛成せず、後の五、六年の経験を経て、やっとその方法が間違いでなかったことを知ったのである。（孫文『孫文選集　中冊』黄彦編、広東人民出版社、2006年、690〜691頁、翻訳：丸川哲史）

ここには余すところなく、孫文の革命党観の神髄が書かれている。中国においては、先進国のように既に国民が存在していてそれが政党を作る、という構図がいまだ成立しておらず、またその条件がなかった。だが孫文が語ったように、中国は是非とも近代国家にならねばならず、それは法治国家であらねばならない。そこで、かつて国家（君主制）が受け持っていた「人治」の機能は、一段下の党に委ねられることになる。だから党は「主義を実行する人間」の団

結によって成立するものであり、その党自身がまたそのような主義や精神を生みだし、人の感情（心）を育む母体でなければならない。いわば、党こそが、国家を支えるのと同時に国家を支える人（国民）を造る母体とならねばならないとした。だからこそ孫文は、中華革命党の次には、その考え方に沿って国民党を作らねばならなかったのである。

●超級政党の出現

　1920年代の中国は、五・四新文化運動など、中国を内部から変革する運動として、言語改革などの実を挙げたと言われている。つまり、科挙制度によって必要視されていた無駄な美文や民衆には縁のない古い文体を批判し、日常語に近い書き言葉を創造したことなど、その一つの例である。また教育内容も、西洋方式の科学的根拠が求められるようになった。

　しかしやはり、国内の軍閥割拠状態は、収まらなかった。各軍閥が独自の徴税システムを持ち、また独自の軍隊を持つあり様によっては、近代的な国家の成立は望むべくもなかったのである。このような分裂状態にある国家を中央集権化することを目的として考えた場合、やはり議員政党では全く無力なのであり、もう一つ別の問題を考えなければならなかった。それは特に、軍事部門の位置づけにかかわることであった。当時、世界史的な激動において、第一次大戦後に革命ロシアがソヴィエト政権を生み出していた。この世界的な潮流の中で、1921年には中国共産党も成立していたのであるが、さらに孫文もロシアとの提携を考えるようになっていた。

　そういった問題意識を具体化したのが、1923年におけるソ連からの使者ヨッフェとの会談であった。この会談は、孫文を中心にして

統合された国民党が全国を統一する国民革命（北伐）の発動（1925年〜）に際して、ソ連からの協力を取り付けたことを意味する。以後、広東省に黄埔軍官学校を設立するのだが、その軍事顧問をソ連から派遣することも、この会談以後に進んだ計画であった。この時の軍事の位置づけであるが、軍人は純粋に軍事部門に制約されることになり、軍をどう動かすかの決定は党の政治工作員に任されるという制度を導入することになった（また軍隊内部の教育も党によって進められることになる）。それは現代中国の文脈では「政工制度」と呼ばれるもので、軍は党がコントロールするところとなったのだが、当然のこと共産党もこの考え方を引き継ぐこととなった。

　すなわち、この節の標題として掲げたところの「超級政党」の出現である。超級政党は、国家建設の最中における制度設計と同時に軍事部門を内部に持つことにより、この時期の難局を乗り切ろうとして誕生したのであった。いずれにせよ1920年代、中国において二つの超級政党が誕生したことになる。実にこの超級政党の誕生の起源を知ることなしには、やはり今日の中国における共産党の位置も定かなものとはならないだろう。

　さらにこの後の1920年代後半において、共産党側が軍事と党活動が一体化した根拠地闘争とゲリラ戦を展開して行くプロセスは既に前出の幾つかの章で紹介しておいた。この共産党の根拠地闘争の中ではっきりしていたことは、紅軍の中に階級を作らないこと、またこの軍隊はいわば階級連帯主義に貫かれた人材吸収を行っていたことであった。1920年代以降の共産党側の運動の発展の仕方は、実にこの時期の経験に多く負っているわけであるが、それも先ほど述べたように、当時の中国において政党は軍事部門を内部においた超級政党でなければならなかったということである。

　またそれ以後の展開として、第二次世界大戦が終わった後、一年

も経たないうちに国民党と共産党の間で内戦が始まったことも、実にこの両党が超級政党であったという問題に根を持つものであった。一方の国民党のトップリーダーは、軍人出身の蔣介石であった。ただ中国の伝統文化からして、軍人出身が国のトップを担うということは、過去の例からしてもほとんどないことであった。

　振り返ってみて、中国は文官官僚による支配の長い伝統を有している。そういった文化背景を強く持つことからも、蔣介石のような人物は実は例外であったという見方もある。国民党にしても共産党にしても、思想家や文化官僚、あるいは教育者が出身である人物たちが実に主流なのであって、さらに共産党においては一時期、農民や労働者出身の人材が多く党員を占める時期が続いていたことになる。ただ今日の共産党においては、資本家も党員となることが許されるようになったので、いきおいその総合性が高くなっているという言い方もできる一方、共産党の特色としてあった階級性は後景に退くことになった、と言えるだろう。

●教育者としての「党」

　党が軍事部門をその内部に持ったことにより、中国において超級政党が実現したことになったわけだが、これはやはり、西側先進国においては想像のし難いところであろう。この時に誤解されるべきでないのは、いわゆる軍事独裁ではないということである。現在の中国の軍事組織は、共産党の軍事委員会によって統御されており、またその軍事委員会のトップも党中央委員会のトップたる文官出身者に担われる。すなわち、軍人が国のトップになる可能性は全くといってよいほどない。ただし過去の判例からすれば、文革期において林彪がそうなる可能性もあったが、その可能性も彼の失脚により

絶たれたことになる。

　そこで今日の党のあり様として整理されるべきは、いわゆる（政治）教育機関としての党のあり様である。国務院によって統御されている国内の学校機関の他に、各学校の内部には共産党の委員会や支部が設けられており、党員の拡大活動とともにその政治指導が行われている。つまり共産党は政治教育をする機関としてあり、共産党の重要な決定があった際には、党員による学習活動が義務付けられている。ここでも問題になるのは今日、共産党員であることが特に公務員になろうとする人間にとって、身分保障も含めたところでの「保険」になっているという事実である。こういった党のあり様は、党の内部に教育機関を持っているヨーロッパなどの政党との比較においても、中国共産党の場合にその規模の大きさや影響力の大きさがうかがい知れるであろう。現在、十四億人といわれている中国の人口において、党員は約七千万人の５％ほどになっている。

　だがいずれにせよ、こういった中国における党のあり方にしても、実に伝統中国との連続性を考えなければならないところがある。先にイタリアの思想であるアントニオ・グラムシの「現代における君主としての『党』」というコンセプトを紹介したわけであるが、そこで語られていたことは、「党」が近代国家において知的道徳的改革をリードする存在であるという定義であった。かつて君主の徳の発露の源泉として考えられていた——このあり様を近代的な組織がとって代わるという構図である。これを中国に当てはまるとすれば、党はかつての儒教イデオロギーにとって代わるものを用意しなければならないのであり、また科挙制度の機能（人事にかかわる機能）を肩代わりするものでなければならなかったということになる。

　文革までの党は、紛れもなくマルクス・レーニン主義、あるいは

毛沢東思想を宣伝し、それを国民に教育する機関であったことは間違いない。だが、それが改革開放以降は、階級政党としての性格を減じていることが一つの問題としてクローズアップされざるを得ない。臆面もなく言ってしまえば、共産党自体が金持ち政党である性格を帯びて来ているからである。共産党が階級政党の役割を果たせなくなった今、現象としてあるのは、むしろ儒教などの伝統思想を再評価し、それをもって共産党が持っていた国民的靭帯の核にあるイデオロギーを肩代わりさせている事実である。今日中国において、儒教はその周辺的な機能として、人間の善意や健康の保護、社会的ケアーを促進する役割を担いつつある。その文脈において1990年代後半に発生したのが、共産党との全面対立に至った新興宗教団体法輪功による法輪功事件であったと言えよう。

　そしてもう一つ。共産党の今日的な役割として、国家行政の「人事」を担う部分としての機能をずっと保持していることがある。現在の中国における行政組織は、国柄が大きい分、基層としての農村から県レベル、そしてまた省から中央のレベルへと幾重もの機構が積み重なっているわけであるが、そういった行政機構と並行するように共産党の基層組織から中央までの組織が、いわば人間を育てる機関として設置されている。もしもある官僚や政治家が問題を起こしたとされる場合に、その人物はほとんど共産党員であるケースが多いわけであるから、まず共産党の内部の審査に付せられることになる。そして次いで、政府内部の司法機関にその処遇が移管されるという順番になるようである。つまり国家（地方行政も含む）による司法過程よりも先に、共産党による「教育的決定」が先んじるという仕組みである。

　現にこういった仕組みで現在の中国社会は動いているのである——このことの意味は、やはり十分に考慮されなければならないと

ころである。だからこそ中国共産党は、自身への批判として、モラルが貫徹してあるかどうかが鍵となる。そこでまたしても問題になるのが、公務員という給料が発生する職業に関して、共産党員であること、つまり共産党内部の教育を受けていること自体が一つの保証として存在している問題をどう評価するかであり、やはり考え方の分かれ目となる。実は、現在の中国において公務員を採る場合に、他の民主党派からも一定以上のパーセントで採用しなければならないとの規定も存在する。その意味では、形式的な措置ではあれ、政治的な選択というものが職業選択に連動することに関して、制度的な保証は一応講じられてはいる。しかしやはり現在の中国において、共産党は唯一の超級政党であり、その政治力にとって代わるような組織や集団はほとんど想定できない。

　先に述べたように、今日よくあるのは、共産党の党が持つ政治的主張とは関係なく、公務員になるための保険として、便宜的に入党しておこうとする態度であり、これは2000年代から強まっている傾向である。ここから派生するのは、利用主義的志向であり、むしろ政治的ニヒリズムの源泉ともなるべき現象である。このような傾向がますます強くなるのであれば、むしろ共産党として想定しているところの政治的統合力の涵養は、逆にむしろその空洞化を表すことになり、むしろ共産党の存在意義の下落（インフレーション）をもたらすことになるだろう。

●国家にとっての「党」の位置

　最終的に理論的に考えなければならないのは、孫文がかつて考えたように、「党」が国民を作り出す装置として国民と国家の間に入る組織として構想されていた問題性の再検討である。「党」が国民

を国民たらしめる教育装置としてあったとの構図を取りあえず理解したとしても、その上で、では国家と「党」の関係はどうであるかということは検討に値する。理論的には、「党」は国家の下にあるべきものであり、国家はどのような党が指導政党となったとしても、ある程度以上の連続性は保たれていなければならないはずである。ここで理想を言うならば、「党」とはどこまでも、その理論的、道徳的、教育的な先駆性とによって人々によって支持されなければならないものである。

　元より中国共産党は、人々の支持を集めるための努力を必要としていたわけである。この場合、それを動かす要因として、一般的には「競争」ということが念頭に置かれることになろう。しかし、現在の中国共産党は、歴史的な経緯において唯一の超級政党としてある。ただこれまでの経緯として、1949年以降の中国の内部政治のあり方をみた場合に、共産党内部の路線対立というものが、その種の「競争」の役割を持っていた、という言い方はよくなされている。共産党は、路線対立と大衆運動、またそれに派生する大衆的討論をもってその代表性を維持していたことになる。ある意味では、文革の時期が最もそういった路線対立と大衆運動と社会的な大衆討論の機会が大きかったのであり、そのために共産党自身が分裂状態にもあった。

　しかし改革開放以降、さらに言えば南巡講話以降、共産党は大衆討論を抑える傾向を強めて来ている。このことは、共産党が脱階級化している事態に即応しているものと言えよう。もちろん実は、路線対立は常に共産党において無くならないものとして持続的に存在しているのであり、それは近年では重慶市のトップであった人物が中央の意思において追い落とされた経緯からみても明らかである。しかしそういった路線対立の意味自体は、極めて曖昧なまま放置さ

れている観がある。その路線対立には、どのような政治的価値の議論があったのか、不明なまま「規律違反」といったことが相手を失脚に追い込む表向きの理由となった。共産党内部の議論が曖昧に放置されている要因は、実のところ共産党の性格自体が脱階級的になっていることと関係するものである。

　また実にこのことは、世界的な傾向でもある。実質的に一党制を有する中国においても、また二大政党的な政治機能を伝統とする英米であっても、さらに二党以上の複数政党制を擁する国であったしても、議論の枠が狭まっており、政権与党になった場合の経済政策にはほとんど差異が無いのが現状である。世界的に一般的な傾向として政党の活力が衰えているのであり、政党同士のあるいは政党内部の議論が、その表面的な言辞の過激さに比して、実は極めて低調な状態となっている。そして経済政策一般は、新自由主義的施策を持って経済不振を打破しようとする官僚群によってリードされている。これはいわゆる先進国においても、またかつての旧社会主義圏の国家においても、第三世界と呼ばれた国家群においても当てはまることである。世界的な問題として考えた場合において、中国における政治的議論の不振は、中国だけのものではないのである。そこで鍵となるのは、政治的志向を持った集団たる党がその言論とアイディアにおける活力をどう取り戻すか、ということではないかと思われる。

　このように考えて来た場合に、改めて中国における国家と「党」の関係を考えた場合の問題を指摘すると、それは「党」が国家と独立した思考が持てない点にあると言えるではないか、と思われる。中国の問題は、「党」が国家の上に立っているように見受けられることであったが、それは共産党が人事権を左右するために、否応なくそうみられるのである。それは共産党が国家と融合しすぎている

点に問題を求められよう。ここで思い出したいのは、やはり孫文が近代的政党を構想した際の初心に立ち返ることである。つまり、国家は法によって運営されるものであり、その法を作り出す人間の精神を涵養し、また政治的自由を行使する主体形成の場としての「党」の役割を積極的に再定義し、それを再生させることである。今日における「党」の課題は、やはり中国の特殊的状況によるものではなく、近代において政党が必要視されることになったその経緯を思い出すことではないかと思われる。

第6章　ナショナリズムと「帝国」

●統治様式としての「帝国」

　他の国家地域のナショナリズムの比較として中国ナショナリズムの個性を考えた場合に思い当たるのは、やはりいわゆる国民国家形成のモデルとなるヨーロッパ諸国との差異であり、このような文脈での比較が探求されねばならないだろう。ヨーロッパに起源を持つ国民国家形成は、いずれも旧ローマ帝国からの分離や独立がいずれにせよ議論の前提となるのだが、中国はそもそも、様々な紆余曲折はありながらも、ローマ帝国のようには諸国民国家へとは転化せず、「帝国」として存在し続けていた。すなわち、中国がヨーロッパのようには複数の国民国家へと変容して行かなかった理由を——ヨーロッパの文脈を取りあえずは参照枠にして——考えてみなければならないことになる。ただ周知のように現在のヨーロッパは、それぞれの国家の主権を残存させながらも統合された連合体としてのEUという新たな緩やかな主権構成を作り出している。こういった文脈からみた場合、中国とは何なのだろうか。中国が中国らしい形を採って世界史的なパースペクティブに上って来るのは、春秋戦国時代を通過して、幾つかの都市国家が統一されて秦帝国が誕生したことによる。それから、いくつかの分裂期を有しながらも、この統一したイメージとしての中華＝帝国的なるものを維持して来た。す

ると、中国は数千年前にEU的なるものを既に完成させていたともみなし得るのである。

ここでローマ帝国の成り立ちを教科書風にでもまとめておく必要があろう。ローマ帝国は、アレキサンダーによる征服戦争を媒介として、多分にペルシャ帝国のあり様を模倣した帝国だという考え方もある（ただこのことは、本章の主題からは離れるので、この程度にしておく）。ローマ帝国の特徴として主に武力以外の力として、商業ネットワークを基礎づける交通網が整備され、また一定の法的な基準を定めた緩やかな統治が普及し、さらに諸民族を緩やかに統合する精神的な靭帯として宗教（キリスト教）がその核において機能することになった。

翻って、このような条件は、実に中国においても備わっていたものであり、秦帝国以降において、法による統治が目指され、（実際には複数存在していたとしても）貨幣の統一が目指されて商業活動が拡大し、また法家や道家さらに仏教などがミックスされた総合学問として儒教が精神的な核となって機能、その思想は官僚層の規範となっていった。そのような意味でも、中国は数千年前から、分裂していた時期はあったとしても、いわば帝国的な素地を有して近代までの歴史の歩みを有していたことになる。

特にこの中国的な帝国形成において肝要であるのは、思うにローマ帝国よりもさらに発達した官僚制度であり、またそれを支える思想としての儒教の形成ではないかと思われる。秦の時代に法家思想が重要視され、一時期的には儒家は疎んじられたわけで、儒家の書物も焚書の憂き目に遭った。しかし、その後の時代の漢帝国になると、初めは老荘思想が重要視されていたが、次いで孟子以降に体系付けられた儒教が復活を遂げ、帝国の思想となっていく。実のところ、漢代以降の儒教とは、法家や老荘、さらに仏教などがミックス

したものとなった。

　さらに細かく述べると、たとえば法家思想とは、端的に言えば法の前の平等ということであり、王朝内部の人間といえども依怙贔屓は許されないという思想である。ここで初歩的な意味でも区分けをしなければならないのは、官僚制の種別性である。ドイツの社会学者マックス・ウェーバーによれば、官僚制は、ある王朝の繁栄だけに寄与しようとする家産官僚制、それと法に依拠するために王朝の交代に基本的には影響されない依法官僚制とに区別される。秦の時代に目指そうとしていたのはそのような依法官僚制による統治であったが、それはすぐには実現しなかった。ただそれは、さらに時代が下って宋の時代に科挙制度として制度化することになったと言える。これ以降、中華の歴代の王朝の転換とは無関係に事実上官僚群が温存されることになる。またさらに、帝国の思想としての総合性を備えた学問として朱子学が宋代に一つの規範を作り上げることになる（宋王朝そのものから公認されたわけではないのだが）。朱子学はだから、それまでの儒教が漢学と呼ばれていたことに対して「宋学」という名称を得ることになる。

　この朱子学（宋学）は、道家思想やその背後にある仏教的なものを取り込んだところで、体系的な思弁性を有するもので、いわば宇宙にかかわる総合学の様相を呈するものであった。だからこそ朱子学は、朝鮮や日本にも渡ることができたと言えるだろう。いずれにせよ、総合学としての朱子学が成立して来るわけだが、そこで興味深いのは、実は異民族の王朝たる元がこの朱子学（宋学）を取り入れて、王朝の精神的支柱とした事実の重要性である。朱子学は、先に述べたような意味からも、民族の差異を超えたところの宇宙の学問になっていたが、これ以降、朱子学を基本とした儒学が帝国の学問として清朝に至るまで多少の分岐と屈折はあるものの持続してい

くのである。

　総じて、帝国には官僚制が必要であるということであり、またその帝国の維持のためには、その官僚群は法に則ったものでなければならず、原則として王朝内部の近親者であるからという理由で官僚となってはならないのである。そしてもう一つ重要なことは、普遍的な精神としての思想の感化力が帝国には必要だということである。武力だけでは帝国は維持され得ないのである。ところで、近現代以降において帝国に似た統治形態を持ったのは、中国以外ではソ連もそのような諸国家が寄り集まった帝国であったと言えるかもしれない。このソ連の統治形態は、また紛れもなく理論的かつ活動的な官僚群によって成り立っていたわけであるが、そこで機能していた思想はマルクス・レーニン主義であったということになる。マルクス・レーニン主義は、階級という概念の軸を統治の原理にするものであるから、別の矛盾を抑えるという意味では、民族問題を回避するのに適した思想であった、という言い方も成り立つだろう（多民族を抱えたソ連において、それを補う意味でも、スターリンは民族の定義を独自に発明しなければならなかった）。

●清朝と現代中国

　話の筋を戻すと、以上述べて来たような意味での帝国性が何がしかの程度において保持されたものとしてまた現在の中国があるということ、これが本章の語るべき内容となる。ただここで問題となるのは、そのような中国の帝国性は、いわゆる近代ナショナリズムと果たしてどのような関係にあるかということである。歴史的プロセスから説き起こすなら、19世紀後半から列強が国内に介入して来る中で清朝の没落過程が進行するわけだが、ここにおいて危機意識を

持ったエリートたちは是非とも近代ナショナリズムを身に付けなければならない、と思い至った。帝国主義列強に浸食され、また内側では激しい内部対立が引き起こされる中、そこで再建されようとする国家の姿は、しかしやはり、それまでの清朝の版図の回復となったのである。

そこで現代中国のナショナリズムの基本的テーゼは、「反帝国主義」となったわけだが、確かにその発生の時期は清朝期からのものである。そこで歴史の中での「if」を考えた場合に、たとえば明朝期に西洋列強の侵入を迎えていたらどうであったか、という仮説的疑問が出て来る。もしかしたら、その場合の回復すべき版図は違ったものになった可能性もあろう。ただ、回復すべき姿というものは、単純に地図上のものだけではなく、それ以前からのアイデンティティの核にある文明観や文化意識であり、近代ナショナリズムを身に付けていく上でも、実に無意識のうちにも温存されて来た(きた)もの、ということになる。それもまた、ここで論じている帝国性の大きな要素ではないかと思われる。

そこでまたもう一度歴史に遡ってみたい。清朝の崩壊過程を考察してみた場合に、まず1840年からのアヘン戦争は亡国の危機意識が醸成される第一の波であったと考えられる。この後、清朝は太平天国の乱の鎮圧など、様々な課題を抱えながらも、列強の侵入に持ちこたえようとしていた。だからこの時期、「洋務運動」という西洋の科学技術を手本にした富国強兵政策が進展したのである。しかしそのような「洋務運動」によっても、列強からの介入の動きが止められないことが日清戦争の帰趨によって自覚されることとなる。清朝は、自らの版図の中にあった台湾を日本へと割譲することを余儀なくされる。またさらに台湾割譲だけでなく、多大なる賠償金を日本に支払うことにより、清朝は財政面からも不可逆的に弱体化して

第6章 ナショナリズムと「帝国」 137

いくのである。実にここから清朝内部の制度改革を志向する改革派（変法運動）の台頭があり、その改革派の運動の失敗の後では、さらには革命派が台頭して来る。ここにおいて必要視されたのが、清朝とは別個の中央集権化された共和制国家の実現であった。もはや王朝といった形式では西洋列強の侵入には耐え得ないのであり、中国は革命を通じて国家を根本的に改造しなければならないとの動きが加速していくのである。

このようなプロセスの只中において、現在に繋がる問題として、台湾問題という中国ナショナリズムにとっての大きなモメントが発生する。台湾の割譲(しんがい)は、辛亥革命以前の清朝期のことである。しかしこの清朝期に味わった屈辱こそが現在にまで繋がる中国人全体の屈辱の意識となっており、清朝と辛亥革命以後の政権との政体の違いをもってこの問題を看過することはできなくなっている。台湾を回収することは、中華人民共和国にとってナショナリズムを動かす大きな歴史的モメントとなった。このことはまた、日本との関係において重要な問題となる。1972年に取り交わされた国交回復の文書、日中共同声明の中身に、台湾の領土が中国に所属することが記されている。台湾の分離が日清戦争から始まったことから鑑みて、日中共同声明の中に台湾問題が書き込まているということは、この声明は清朝期にまで含んだ共同の文書であり、それは結局清帝国の回復をも意味することになる。

さて、現在の台湾の実態をみると、政治政体として中華民国というかつて内戦を戦ったライバルがそこを統治している状態である。この問題を解決する方策として、人民共和国側から1980年代より言われていることは、一国二制度という考え方である。このモデルは香港にまず現実的に適応されることとなったが、台湾の場合には独自の政権があることから、この一国二制度を一国両政府という解釈

にまで引き延ばしているのかどうか——これは曖昧なところである。ただこの一国二制度の利点は、建前と実態を分離し、建前として一つの中国であることに背かない限り融通無碍に実態を解釈できることにあり、そこから武力を伴う性急な解決を避ける措置として有用性を持つものであると言える。

また既に中国の内部に復帰したことになっている香港にしても、現在のところ別々のシステムとして機能しているという見方もできる。香港には別の警察システムがあり、また周知の通り、香港は香港ドルが流通する場所としてあり、当然のこと人民元とのリンク関係は深いものの、香港ドルは以前と同じ様にほぼ自由化された状態となって世界に流通している。もちろん、現在のところ統治システムとして、香港内部においてはより香港人の自治が貫徹する方向での改革への気運が大きいわけだが、完全に中国から離れることを求めるいわゆる「香港独立派」は、極めて少数の比率でしかない。またこのことは、台湾にも言えることである。一時期において民進党政権が国家としての「独立」を準備していたわけであるが、これも現時点において、完全に中国という建前を崩して台湾の名において独立を目指す人々の勢力はさほどは高くないと言える。

現状としてこのような状態にあって、一方の大陸の人民共和国は、一国複数制度という見方を堅持する以外には、性急な措置は取ろうとしていない。もちろん台湾に対して、政治的統合を図ろうとして様々なアクションがあるわけだが、基本的には平和的な解決を目指そうとしている。また他の統治区である民族自治区にも言えることであるが、端的に現在の中国のあり様は、一国の中で別の法体系や貨幣体系が存在していることを承認するものである。つまり、中国は多民族を統合する社会でなければならず、またかつて帝国主義列強に奪われ、また内戦の過程において分裂した状態を抱えてい

る——このような現状に応接する場合において、かつて複数の統治形態を運用していた「帝国」という統治形式は実に有用な参照枠なのである。こういったことに関しても、やはり中華王朝が多くの期間に渡って、漢民族以外の民族によって主導されていた歴史経験が大きいものと考えられる。

●二つの中国イメージ

　清朝以外でも、たとえば典型的な例として元朝もいわば非漢民族王朝であったわけだが、中華王朝以外のものとは言えない主体へと同化されていた（元朝の場合には、モンゴル帝国と合わせて二重の帝国の意味があった）。さらに遡ると唐王朝がある。唐王朝は周知の通り儒学ではなく仏教を統治の原理としていたわけであり、やはりこの王朝にも外来性が濃厚にある。官僚には色目人(しきもくじん)と呼ばれた西域の人々が存在していたことも、実にその傍証となる。現在も、そしてかつてにおいても、いわゆる漢民族だけによって中華王朝が成立していたとは考えられない。そのような意味からも中国の中華性とは、異民族的なものをその中に吸収し溶かし込んでしまう「帝国原理」として把握できるかもしれない。その意味で、現時点においても日本側の「中華」に対する捉え方には、ある種の偏りがあるように見受けられる。

　たとえば、『大辞泉』（小学館、2012年）の「中華」の項目はこのように記されている。曰く「中国人が自国を呼ぶときの美称。漢民族が自己を世界の中心とする意識の表現。周囲の蛮族（東夷、西戎(せいじゅう)、南蛮、北狄(ほくてき)）に対しての称」とある。中国を初めて統一した秦帝国は、上記の民族的配置からすれば出自は「西戎」に近いものである。中華の統一王朝からして周辺から入り込んだ成分なのであるから、い

かに日本側の「中華」の概念が実態とズレているかが理解できるだろう。いずれにせよ明治期からこれまで、このような定義がずっと修正されないままであるのはやはり問題であろう。さらに同じ『大辞泉』(小学館、2012年)の「中華思想」に関してもこのように記されてある。曰く「儒教的な王道政治の理想を実現した漢民族を誇り、中国が世界の中心であり、その文化・思想が最も価値のあるものでもあると自負する考え方。中国史における外国からの政治的危機に際して、しばしば熾烈な排外思想として表面化した」とある。先に、これまでの幾つかの中華王朝が非漢民族的成分の強いものであり、中華がいかに漢民族そのものと等号で結べないものであるかは、これまで述べた通りである。しかるに先の『大辞泉』(小学館、2012年)における「中華思想」は「中国史における外国からの政治的危機に際して、しばしば熾烈な排外思想として表面化した」とあるが、この時の「外国」とは近代以降の日本も含む西洋列強のことであるわけで、この時に「排外」的に振る舞うのは、「反帝国主義」を起点にする中国の側からすれば至極当然のことである。これは中国以外でもそうである。西洋列強の侵入を甘んじて受け入れるような地域は(抵抗における挫折の例はあったとしても)、ほとんどないのが通常であろう。

　以上、これほど左様に、「中華」にかかわる言説形成は、日本も含む西側諸国にあってかなり大きなバイアスがかかっていると言わざるを得ない状況がある。ではなぜこのようなことになるのか。この時に一つの参照枠となるのが、ヨーロッパにおける中国観を深く左右することになったヘーゲルやマックス・ウェーバーの中国認識である。ここからしばらくウェーバーの中国観を検討してみたい。

　ウェーバーはその著名な中国論としてある「儒教と道教」(1920年完成)などを通じて、儒教精神が近代的な精神に似たところで現世

的利益につながる勤勉の傾向を有するとし、そこから中国が資本主義化する有望な可能性を示唆した。この時期のヨーロッパ人、19世紀後半から20世紀にかけてのヨーロッパ人の中国に対する期待の地平とは、まずこのような資本主義的関心によるもの、そしてもう一つは中国がヨーロッパ基準の国民国家となるかどうかであった。さらにウェーバーを通じて考えたいのは、唐や元、清などのようにその版図が大きく広がり、また帝国性が非常に濃厚にあった時期と、比較的にその版図が狭く成立していた時期をどのように対比していたかである。ちなみに多くの場合、後者は中華の王朝が小さくなっていただけではなく、北宋や南宋といった言い方があるように分裂していた時期でもあった。仮に前者を帝国中国期、後者を小中国期と称してみるならば、ウェーバーにおいて、帝国中国期は国民的統一性に乏しく、したがって資本主義を発展させる条件に乏しい時期という評価になる。それに比して、小中国期はたとえば宋において科挙制が導入されており、いわば国民的同一性などの近代的条件が整いつつあった——このような中国のあり様に近代国家の萌芽をウェーバーはみようとした。

　興味深いことに、明治期以降の日本においても、中国研究（東洋史）は内藤湖南から宮崎市定などの系譜を引きついだ京都大学で大きな進展を遂げたと言えるが、そこでも中国社会を一つの規範として考える場合のケースは主に上記の小中国期にあって、帝国中国期は特異なケースとして傍流に位置づけられる。さらに日本の近代美術の世界においても、やはり範例となるべき中国の宛先は、専ら小中国期の中国ということになる。ヨーロッパにおいても、また日本においても、やはり中国がいわば外側の要素を多く持ち帝国的な規模にあった時期を特殊なケースとして扱い、中国の中国たる所以をその帝国性にみないという習慣が定着された、と考えられる。先に

も述べたように、中国には大まかに帝国規模として王朝の影響力が振るわれた時期とそうでない時期が存在するのだが、そうでない時期である小中国期を重んじる見方は、やはり第一に一民族一国家を原則とするヨーロッパ方式の国民国家形成のあり方が投影されたもの、ということになろう。

　さらにここから派生する問題として考えられるのは、帝国中国がやはり、大きな存在として周辺の小国に影響を与えていたその影響力の行使の論理が、近代以降にその価値がほとんど理解されなくなったということが挙げられよう。清朝期において周辺諸国との間にあったのは、第1章で論じたように、儀礼としての貢物の遣り取りのネットワークによって地域の平和を構築する朝貢システム、それと王朝の代替わりを中華王朝が儀礼として承認する冊封(さくほう)システムであった。このような朝貢・冊封システムが旧中華王朝とその周辺国家の国際秩序であったわけだが、このシステムの原則は、中華が上であるという建前であり、実質的には経済的には中華王朝側からの持ち出しが多かった。総じてこのシステムにおける利点は、中華王朝が常に上位にあることを確認する儀式を通じて無駄な摩擦を減らし、平和的関係が保たれることであった。つまり、日本においては明治期以降、西洋から伝わって来た国際条約の発想によって、この朝貢・冊封体制の利点が忘れられていく傾向にあったということになる。西洋の国際条約体制は、条約を交わす主体は平等であっても、その条約の中身に色濃く不平等性が瀰漫(びまん)するものであった。

　清王朝は、いわば当初からこの西洋からの国際ルールを嫌っており、国際条約体制の中に入っていくことを拒み続けていたわけであり、逆に日本はこの条約に早い時期に入ることを決断したことになる。そして近代日本にとって、比較的早期からの目標として、つまり後期徳川時代に取り交わされた不平等条約体制を打破することが

中心的課題となったのであり、そこに日本の近代ナショナリズムの核になるイメージが潜在することになる。こういった意味合いからも、ヨーロッパのルールに中々入らなかった、あるいは入ることのできなかった清朝の決断の遅さというものが、実に近代化（制度の移植）を早急に推し進めようとしていた日本においては、ネガティブなものとして映ったことは間違いないところである。その意味からも、日本のような小規模の国土を前提とし、また比較的早い時期に西洋社会の敷いたルールに入って自身の近代化を推し進めようとした国家において、この競争に敗れたようにみえていた中華帝国がやはり徐々に軽蔑の対象となっていったのである。

●他の旧帝国との比較――インドを例として

　以上みて来たように、現代中国を帝国中国から変革された形態とも、または連続体とも観察することが可能になるわけである。そこで次に、中国のこのような変化の意味をより鮮明にするために、中華体制の周辺部の国家や地域よりも、実はそれ以外の別の旧帝国との比較を考えた方が有益であろうと思われる。たとえばそれはインドである。西洋列強の侵入以前のインド大陸は、ムガール帝国により統治されていたが、それはモンゴル由来の中央アジアから進出して来たイスラーム勢力によって試みられた帝国統治であった。つまり、ムガール帝国は緩やかなイスラームの原理によって多民族を抱えるエリア全般の統治を行っていた。具体的には、内部において別の宗教が存在することが許容されていたが、それは信仰にかかわる過干渉を避けるためであり、主には商業的なネットワークの方を重視することにより、幾つかの小戦争のケースを除いて、ほぼ帝国規模の統治に成功していた。そのようなムガール帝国の崩壊の始まり

は、やはり17世紀からのオランダ、フランス、イギリスなど西洋列強の侵入からであるが、18世紀に入るとイギリスからの圧力の増大とヘゲモニーが強化され、幾度かの鎮圧戦争を経て、主に東インド会社という形態をとった分業統合が進展し、さらにイギリス流の統治システムが構築されていく。そして、19世紀の半ばにはインド大陸の全域が英領インドとなり、植民地化が完成する。

　このようなイギリスによる植民地化の浸透は、やはりヨーロッパに近い地政的要因からも、中国とは違った地域全体の植民地化を招来したことになる（一方の中国は周知の通り、主に海岸部の租界地と各地方軍閥への関与という形での間接支配を受けることになった）。そこでイギリスは、インド大陸全体の統治に関連して、宗教や民族を基軸とした分割統治を実践するとともに、そこにイギリス本国に似た行政と立法と司法とが相互に独立した三権分立のシステムを導入、これを末端の村にまで浸透させていった。しかし、いわゆるカースト制（身分制）を解体することはしなかった。カースト制は、土地所有の形式としての大地主制度と一体のものであり、1947年以後の独立以降も、こういった前近代的制度は結果として温存されることになったと言える。

　さらにこの独立プロセスで起こった問題点を指摘するならば、宗教共同体、民族別の統治システムをイギリス政府が採用していたためもあり、イスラームを信仰する勢力が共和国としてのインドの独立に際して、むしろパキスタンという別の国を立てるという混乱——いわゆるパーティションと呼ばれる分離独立に帰着——が生じるところとなった。つまり、ムガール帝国全体が共和国としてのインドにまとまらず、別々の国家へと分かれることになった。よく知られているように、インド建国の父と呼ばれているガンジーや初代の首相となったネルーなどは、この分裂を回避しようと積極的に行

動したにもかかわらず、後にパキスタンへと分かれて行くイスラーム勢力のリーダーたちは、イギリス本国と独自の交渉の末、インドからの分離独立を強行するところとなった（またこのために、膨大な血が流れることになった）。

　以上、植民地時代からどのように独立インドが成立して行ったかを概観したわけであるが、このようなプロセスによって独立を果たしたインドは、様々な意味で、現代中国との対比が成立する興味深い参照関係を我々の前に提出することになる。その一つは、やはりインドが帝国主義本国に全面的に統治されたために、そこで植え付けられた制度基盤がほとんど踏襲されていることであり、そこで形式的に申せば、インドはいわゆるイギリス風の議会制民主主義が完全に定着した国家となったと言える。ただインドの場合に、その国土の膨大な広さからも、この議会制民主主義は裏腹な結果をもたらすこともある。議会制民主主義は、村レベル、県レベル、省レベル、そして国政レベルでの第一党が行政に大きな力を発揮するわけだが、この与党が村、県、省、国政においてバラバラであると、当然ながら一貫性をもった政策と安定的な予算措置が実行し難いことになる。

　翻って、こういった問題は、全国的に一党が一元的に政策を決定し得る中国の場合には起きえないことである。いわば、インドは移植された民主主義に振り回される傾向が強いと言える。ただ中国との違いとしてあるのは、ある大きな勢力——中国であれば共産党——によって言論が一元的に統制されていない、というのは事実である。しかし、もちろんインドにも、言論の自由を奪う暴力的な力が社会内部で働いている。それは主に、大資本の力によって社会共同体や自然環境が破壊される場合に、それへの抵抗運動が有名無形の圧力によって封じ込まれるケースとしてよく取り挙げられる。ま

た議会制民主主義に幻滅した下層の人々、共同体においては、武力闘争に訴えるケースも多々頻発しており、武装したゲリラが活躍し、警察権力が入れない地域も多く存在する。こういった人々やグループは、かつてゲリラ戦を主導した毛沢東の思想にちなんで「毛派」を自認している。

さてインドが中国と最も違う点として、最も一般的に語られているのは文盲率の高さである。これは先に述べたカースト制度、地主制度と関係がある。土地や生産手段を持たない下層の人間は、社会の底辺部に取り残されたまま、教育、就労、医療も含め、様々な制約を受けたままの人生を歩むしかない。そういった社会の底辺に沈んだ人間が、気候や景気変動、様々な災害が引き起こされた場合、スラム化した社会状態、生存環境を余儀なくされることとなる。スラムは単純な貧しさだけでなく、能動的に自分の人生を切り開き得るための基盤の貧しさを物語る。

こういったインドとの比較で言えば、中国は現代中国となり行くプロセスの中で土地改革を行っていること、つまり基本的には前近代における身分制度が打破されていることは最も大きな違いである。基本的には現時点で、中国社会においては、インドで発生しているようなパターンとしてのスラムは生じていない。以上のことからも、やはり独立する前の社会状態がどのように温存されているのか、あるいは独立の過程で（中国においては革命の過程で）、また以前の社会的桎梏がどのように克服されているかが重要な指標とされるのである。

最後に述べておかねばならないのは、その旧帝国としての比較として最も肝要な部分である多民族統治政策の種別性である。先に述べたようにインドの場合には、イギリス時代の分割統治が大きな制度的遺産として機能し、宗教の別、民族の別が中国と比べるなら

ば、非常に際立つ構造になっている。特に民族的なものがまた宗教的なものと結びついた場合、それはお互いの内部の矛盾を他へと転化する行動が容易に激発することになる。このようなインドとの比較で言えば、もとより中国 (特に漢民族) は、宗教がそのまま民族的なものにリンクする性格が少なかったと言える。というのは、そもそも儒教、道教、また仏教なども元々からの文化的要素に宗教性が少ないからかもしれない。それに加えて、共産党の民族政策そのものも民族の別を強調するのではなく、経済的な方面から少数民族の利益をいかに確保するかというロジックによって主導されていた。いわゆる民族自治区と呼ばれる地域があったとしても、共産党の政策は、時間差を伴い特殊性を配慮したところで、緩やかに土地改革を行い、終には宗教に基づいた身分制を基本的には解消した社会を出現させたことになる。

　ここでキーポイントになるのは、何よりも土地改革というもの、あるいは身分制の解体がその近代化のプロセスの中でどのように生じたのか、またなぜ生じなかったか、といった大問題である。得てしてある国に「民主」があるかないか、あるいは「自由」があるかないかといった抽象的な指標で物事を論ずる機会が、特に国際政治や国際的な文化比較の場合に多々見受けられるわけである。しかし、その時に等閑視されているのが、土地改革の改革があったかなかったか、また身分制の解体が行われているのかどうか、という指標である。現在引き起こされている民族問題は、主に改革開放以降の資本主義的なものの導入に根差したものであり、資本へのアクセスの差として物質的／精神的ストレスが昂じたものと言われている。少数民族の中には、毛沢東時代の方がよかったとする意見も多い。社会主義的な経済運営においては、国家 (あるいは共産党) が担保となって、資源や機会の配分が行われていたからである。資本の自動

運動に任せる限り、少数派民族は国家的保護から見放され、自力での階級上昇を強いられるのである。

　さて振り返ってみれば、日本も基本的に戦後の改革の中で土地改革が行われ、大地主制度が一掃された社会である。多くの場合に、日本において地主は寺社が兼ねていたケースが多かった。そういった身分制度的なものと結びついたシステムは、1950年代の前半に総体としては解消され、そこで基本的人権の基礎が保障されることになった。しかしそれはあくまで、連合国総司令部の権力を背景にして行われた分だけ、実に自分たちで勝ち取った社会改造ではなかった、という側面がある。この点について言えば、中国は自分たちの自発的な革命のプロセスにおいて血を流しながら土地改革を行い、また身分制度を打破したという自覚が強い。このことはまた、本章の趣旨とはズレることになるのであるが、それぞれの自分の地域や国家のセルフイメージを構成する際の盲点となりやすいものとしてある。

●文字と官僚制

　中国の帝国性の中核にあるのは、何よりも長期期間に渡る官僚制度の漸進的整備であり、またその拡張であろう。まさに中華文化の中心にあるものは、官僚文化なのである。このことは、日本が長期に渡って実質的に武家によって統治された期間の長さとの対比として重要なモメントである。そしてさらに、この中国的とも言える官僚制の特色として挙げられる要素として漢字文化というもの、つまり帝国の文字の問題を考察してみなくてはならない。

　中国による漢字の発生は、神権政治にかかわる占いの結果を動物の骨や亀の甲羅に書き記したことが起源とも言われ、また黄帝の史

官である伝説的人物、蒼頡(そうけつ)により、鳥が砂浜に遺した足跡をアレンジして文字が考案されたとも言われている。漢字のその形態からして、起源として象形文字的な要素が強く、またいわゆる表音文字に対して原理として表意文字であることからも、呪術的な要素を色濃く遺しているものとも指摘できる。ただその漢字が実際にどのように使われたかというと、都市国家同士の戦争状態において同盟関係を政治的契約として遺す意味合いが強く働いたことにより、最終的には都市国家を包摂する形で出現することになった帝国——その帝国統治のための官僚の文字として広く流通するようになったと考えるのが至当であろう。

　この場合において、漢字が帝国規模の官僚の文字となったこと自体、そもそもその表意性に負っていることが納得されるであろう。というのは、中国は地域として広すぎることから「音」としての言葉が統一される可能性は、前近代においてはあり得なかったということになる。端的に漢字の表意性というものが、帝国の統一性を担保していたとみなしてよい。すなわち、もしも表音文字であったならば、官僚が伝達する言葉は、効率的に伝播されなかったことが予想されるのである。各地方の人々は、漢字の読み方をそれぞれの土地の発音の仕方で読んでしまうものの、その意味は一義的に理解される——このようなリテラシーの構造が長い年月の中で成立していたのである。以上の意味からも、中華の帝国性を保っていた原理として、官僚制と漢字がセットになったところの、まさに中華システムとして表象される仕組みとして帝国中国が成立していたことになる。

　その意味でも興味深いのは、中国の近代化が進められる中で、その教育の効率性の観点から、また習得にかかわるコストから漢字を廃止し、言語をラテン文字化しようとする議論も生じていたことで

ある。それは、抗日戦争が深化し、教育宣伝の必要から、土地の発音による演劇などの宣伝活動が活発化する中で、一部の地域において熱心な議論の対象となっていた。しかし1949年、共産党の勢力を中心にして中華人民共和国が成立すると、ラテン文字化の声は一挙に低調になっていく。代わりに出て来たのは、文字を簡略化する簡体字化であった。これも、農民などの漢字習得のコストを引き下げるための措置であったが、ラテン文字化の方はほとんど聞かれなくなった。これはやはり、帝国的規模の中国を統治するのには、表意文字による伝達のメリットがやはり無意識のうちにも重視されざるを得なかったからだ、と推察できるだろう。

　民国が成立した1910年代から、ラジオやレコードの普及を背景にして、言語にかかわる「音」の統一も目指されていたものの、結局中国全土における「音」の統一が為されたと感じられる時代は1970年代に入ってから、と言われている。否応なく中国人であることの無意識の構造として、表意文字としての漢字にかかわって自身が生きていることがそのベースにあったということになる。それはまた、中国革命のプロセスにおいても自明のことなのであった。たとえば、共産党の内部において毛沢東の演説においても、多くの人々は湖南訛りの激しい毛沢東の言葉が理解できなかった。そのため、毛沢東の演説は常に文字化された原稿や要旨が予め用意されていたそうである。ここからも分かるように、書き言葉としての漢字の使用がいかに中国の政治や文化において決定的であったかが理解できるであろう。ちなみに、考えてみれば容易に分かることであるが、各地方がその地方の発音記号でその内部にある土地の名を記したとする。すると、別の地方の人間にはその地名が何であるのかさっぱり分からないことになってしまう。

　このような素朴な直観からしても、漢字こそが中国そのもののア

イデンティティであるとともに、その帝国性を担保していた論理構造が理解できるだろう。総じて中国の帝国性を考えた場合、よくある中国の外側からの質問として、なぜ中国はヨーロッパのように分裂せずにそのまま帝国規模の大きさを保全したのかという問いがよく出される。単純な答えで返すには、たとえ漢字そのものは読めなくても漢字によって形成された文化的蓄積へのアクセスの志向が存在することが説明の核となるのではないか。言い換えると、漢字を手放さなかった中国人全体のコンセンサスそのものが帝国中国の現実性を担保したのであり、またそうし続けているわけである。

第3部
指導者の思想にみる中国ナショナリズム

第7章 孫　　文

●広東の歴史的磁場から

　孫文(そんぶん)は近代中国建国の父である。この意味が正当性を持つのは、近代中国において出現した二つの政治体制、中華民国にとっても、また中華人民共和国にとっても崇敬される存在として孫文の地位が確定しているからだ。近代中国は、20世紀前半において、まず形式論的には清朝を倒した辛亥(しんがい)革命によってその原初的な形が立ち上げられたものの、1949年に中華人民共和国が立ち上げられるまでの民国期、各地方の軍閥が徴税権などを持つなど、バラバラの統治が行われていた。つまり統一されかけた時期もあったが、ほぼ国土全体として分裂状態であったと言える。そのため孫文は、辛亥革命の後も、二度も三度も、革命にチャレンジせねばならず、またその失敗から、資金調達のため海外へと遊説に赴いたり、また日本に長らく留まって、革命の準備を行っていた時期もあった。その時期から使い始めたもう一つの名が孫中山(そんちゅうざん)である。興味深いのは、日本人風の苗字「中山」に偶然惹かれたからで、それを日本で投宿する際の日本名にした経緯である。ちなみに、現在において孫文の「中山」の文字は広東省の生家の地域として中山市になっているのだが、一般の中国人は日本経由の由来を知らないようである。

　さて20世紀前半は、まさに近代中国にとって混沌とした時期と

なった。孫文が亡くなったのは1925年のことであるが、この期間、孫文は一貫して、近代中国を革命という方式によってまとめ上げようと努力し、またそのような革命国家の指針を示してきた。すなわち、孫文はそのような実践的な政治家であると同時に、近代国家形成のための理念と設計図を示した理論家でもあったと言える。彼が示した近代国家形成のためのエッセンスは、『建国方略』(1919年)などによって示され、また自国のあり方を伝統的観念（王道）によって示した講演「大アジア主義」(1924年)などにも国家観がうかがわれるが、より詳しく説かれた『三民主義』(最終成立1924年)が中華民国の教義として流通することになった。本章では、主にこの『三民主義』を解説しつつ、孫文にとっての国造りのイメージを探っていくことにする。

　ただその前に、やはり若干ではあるが孫文のプロフィールを紹介しておかねばなるまい。孫文は1866年、広東省の香山県(現在は中山市)の客家人(ハッカ)の貧農の家に生まれた。彼が生まれた環境においては、太平天国の乱を引き起こした秘密結社、また武術の訓練を行う民間グループなどがまだ盛んな活動を行っており、孫文の中国社会観に大きな影響を与えたと言われている。つまり初期においては、そのような民間組織の活力を革命のエネルギーとして捉えたわけだが、しかし革命の失敗の反省から、近代的な組織としての「党」の建設の必要も意識するようになり、後にはソ連の「党」の運営を模範にするようにもなった。また学問形成の筋道として、幼少期に伝統的な書院にも通っていたが、兄が既に移民としてハワイに渡っている関係で、12歳の時にハワイ・ホノルルに赴き、そこのイオアニスクールで学業を修めている。さらに医者になるために、転じて香港大学医学部の前身である西医書院で医学を修め、1892年にそこを卒業、その後香港・マカオで医院を開業していた。がその中で、次

第に反清朝の民族意識に目覚め、革命組織・興中会をハワイで組織することになり、1895年に広州で武装蜂起を企てるも失敗、日本に亡命、この後終生の革命家の道を歩むことになる。

ここからも分かるように、孫文の半生の特色としてはまず、当時の首都たる北京から遠く、太平天国の乱の発祥地の広東の地で生まれたことが一つの大きなモメントとして挙げられる。しかも当地の人々は多くの場合、香港・マカオにも近く、華僑となって新天地を求める傾向を同時に有していた。孫文の思想形成に関して、西洋から得られた近代的・現代的革命思想は、やはり決定的であったと言わねばなるまい。また先んじて旧体制が(明治維新によって)革新された日本に居たことなども、当然ながら彼の革命思想、また国家観というものに大きな影響を与えたものと想定できる。

●『三民主義』その一、「民族主義」について

孫文の『三民主義』の根幹を為す一つのモメントが民族主義(ナショナリズム)であることは、ある意味では当然のことである。新生中国、近代的な国民国家中国をこれから作ることが目的となったからである。また当然のこと、この民族主義のモデルは、既に近代国家を形成し得たヨーロッパ、日本などがその範例となっている。民族主義は自然に——つまり地理環境の作用や類似する言語による凝集力、また同一の歴史の蓄積過程など——形成された側面もありながら、国家を作るためには、そのメンバーとして国家に忠誠を誓う「国民」があらねばならない。すなわち、その国民を形成する実践的な契機として民族主義が是非ともこの時必要となった、ということになろう。そこで前提となる孫文の中国社会に対する観察は、中国には王朝はあったものの、近代国家に繋がる要素は少なく、一方

では家族主義というもの、また宗族主義もありながら、実は民族主義というものはなかった——だからそれを作らねばならない、ということなのだ。

ただいずれにせよ近代国家というもの、また民族主義が必要となる最大の理由として、中国の自主権が外国勢力によって浸食されているという危機感——これがバネになっていることを孫文は率直に語っている。まずもって孫文は三民主義について、「救国主義」から来るものと定義付けていた。元を正せば、その「救国」の必要とは、イコール対外危機なのであった。しかして孫文はその対外危機の中身に関して三つに分けている。まず第一に、政治的圧力によって中国が主権を損なわれていること。また第二に、関税自主権を持たされておらず、むしろ賠償金を課されているなど経済的な圧迫を受けていること。そして第三に、当時としてはアメリカやロシアなどの方が人口増加の見込みがあり、中国は人口的にも圧迫されてしまっているとして、人口の危機を述べている。ところで最後の人口問題については、1949年の中華人民共和国の発足以降に、冷戦状況における人的戦力の必要性から、かなり過激に人口増が誘導され、むしろその後の改革開放以降は人口抑制の必要が叫ばれるようになっている（最近はまた、経済発展の中から一人っ子政策の部分的緩和も模索されている）。さて前二者、政治的圧迫と経済的圧迫に関して言えば、1949時点で形式的にはこのような危機が克服される条件が成立したことになる（ただし、1960年前後までソ連に従属していたともみなせる）。その意味でも、孫文が目指した対外危機の克服は、その次の政体としての中華人民共和国の成立をもって制度的条件はクリアーした状態となった、という見方もできよう。

ただ、民族主義は先ほど述べたように対外危機をそのバネとしているものの、近代的国家への忠誠を調達する前提として、国民の権

利上の同一性、また(義務)教育の制度的完成なども必要視されるなら、それはある意味では終着点がないものと言えるかもしれない。すなわちそれは当然のこと、民族主義以外の民権主義(国民の権利を保証し、発展させること)、そして民生主義(国民一人一人が豊かに安全に暮らせるようになること)と絡み合うことになってはじめて意味を為すものでもあるはず、ということになる。

さらに孫文は、民族主義に関連し、それがなぜ失われることになったかについても歴史的に説明を加えている。端的にその論理は、漢民族が自らの王朝としての明朝が滅ぼされ、満州人の清朝が建てられることにより、民族的凝集力が失われたとするストーリーである。この説明原理が正しいかどうかの判断は脇へ置いておくなら、実にこの説明の集約的表現たる「排満興漢」は清朝を倒す革命運動には適したスローガンであったと言える。なぜなら、(ヨーロッパ経由でもたらされた)民族主義は、我々は誰であるかという意味での民族意識と、そしてその民族が我々の国家を持つことになるという一民族一国家を理想とする傾向があるからだ。言うなれば、清朝期の中国は、異民族たる満州人が少数派でありながら、漢民族も含む多民族を帝国の形でまとめ上げたものであった。ただし客観的に考えるならば、清朝期を通じて満州人はほとんど言語の面も含め、文化的にはほぼ漢民族に同化され、華人となっていたのであって、「排満興漢」の主張は清朝を打倒するロジックとして一時的に活用されたという見方もある。辛亥革命の後、孫文はむしろ満州人も内部に包含するところの「五族協和」のスローガンを掲げ、中華民族の生成を目指すことになるし、またこのような民族概念の再設定に関して反対意見が生じることもなかった。

ここでもう一点付け加えると、漢民族を中心とする民族主義がどのように清朝の下において生き続けたかという説明に関して、孫文

は民間の結社たる会党や宗族組織によって担保された、という説を持っていた。支配者の位置は満州人によって占められたものの、民間社会は漢民族のエートスを保存していた、というのである。これは、孫文の革命運動の前期において、地方の民間結社を蜂起活動の主軸に据えていたことと呼応するものである。しかし後にこのような考え方は、総体的に後退することになる。1920年代の半ばよりは、自らがソ連を手本にして作った黄埔(こうほ)軍官学校といった機関、また改組された国民党の党組織が新たな革命主体の創出に必要な器として考えられるようになって行った。

　そして最後に、この孫文によって考えられた民族主義の存立基盤を客観的に解析するならば、それは端的に「反帝国主義」であったということを明かさねばならないだろう。孫文は『三民主義』の「民族主義」の項目の中で、民族主義に対置される概念として、多民族を包摂する「世界主義(コスモポリタニズム)」を挙げている。そしてそれは、今の中国が目指すべきものではないとしている。孫文の眼からすれば、ヨーロッパから生じた世界主義は帝国主義政策のイデオロギーとして感じられたようである。皮肉な見方をすれば、また先の文脈でいうと清朝は世界主義的であった、と言えるかもしれない。反清朝として己の主義を言うのも、また西洋帝国主義を批判するのにも、その基盤として民族主義の必要を主張し、世界主義に反対しなければならなかったのである。ここで興味深いのは、元々の中華のあり方そのものは、どちらかというと世界主義的なものであったということである。異民族の王朝の期間もかなり長いのである。それについて中国風の言い方をすれば、天下主義となる。官僚制の発達を媒介として一定の普遍性を持つことになった中華文化は、そもそもは「漢」の文化として始まったとはいえども、肌の色や言語などを超越したある種の普遍性を獲得していたのであり、だ

からこそ異民族の王朝もその文化に同調し、また同化されて行ったわけである。

　以上のことから結論して言えるのは、中国の場合に、その民族主義は対外危機を媒介としたものであった。特に西洋（日本を含む）帝国主義侵略への抵抗として、その必要性が幾度となく惹起される半面、中国文化の本質は西洋型の民族主義（ナショナリズム）とは異なる文化的素地があるということ——このこともみておく必要がある。ただ、この民族主義は、現在のように比較的に安定した国家運営がなされていたとしても、やはり一定の効力をずっと保持しているようにみえる。その理由を考えてみると、孫文も述べているように、中国の世界的な立場における発言権のあり様である。中国の世界における国家としての地位がどういったところに落ち着くのか、現在においてもまだはっきりしたことが言えない状態である。その中で、中国の位置が貶められるような事件が発生する度に、他の社会的利害を度外視しても民族主義が叫ばれる、このようなパターンが繰り返されるのである。

●『三民主義』その二、「民権主義」について

　民権主義とは、簡単に言えば、国民国家形成の中でなくてはならないところの、国民一人一人の政治的権利を保証し拡充する考え方である。どうであれ、民権は近代国家建設には無くてはならない要素であると言える。日本においてもこれは、啓蒙思想家・福沢諭吉が「天は人の上に人を造らず、人の下に人を造らず」と述べたところであり、また大正期に至るまで、近代国家の建設に関連して、民権とそして国権のバランスということが、近代日本に内在する根幹的議論として成立していた。ヨーロッパの影響を受けて近代化を始

めた国家は、いずれにせよこの課題（日本語での訳語としては人権）に取り組む必然性を有することになる。孫文が著した『三民主義』の「民権主義」にあたったところでも、やはり「世界の趨勢」と孫文が述べるところの、西洋の「人権」思想を追う形で「民権」が意識されたのである。

　中国における近代革命は、「王朝」を倒す革命であって、単に異民族政権を退ける「排満興漢」を実現するだけのものではなかった。すなわち、王朝的な制度や思想を作り変える必要が惹起されることとなる。清朝は満州人の立てた王朝であったが、その統治の哲学は端的に儒教に由来する皇帝思想であった。そもそも中国の王朝は、皇帝や君主が絶大な権力を持つことは言うまでもなく、それ以外のものはみな臣下と定義されることになる。孟子などの儒教の教えは、天命が君主に下ることにより正しい政治が行われ、君主が天の意志に背くなら易姓革命といって、君主の交代や王朝の交代が天命により促される——このような歴史観を有していた。つまり、西洋に学んだ孫文が目指した革命は、あくまで近代革命であり、易姓革命であってはならなかった。単なる王朝や君主の入れ替えであってはならなかったはずである。そこで孫文の考え方からすれば、君主の「権」である君権、また皇帝の「権」である帝権が「民」の元へ、「民権」へと移行させねばならないこととなる。ちなみに「権」の意味は、孫文においては多数の人間を統治する政府を管理する力（権力）ということ、その力を民に預ける、ということになる。いずれにせよ、こういったモチベーションから、孫文は『三民主義』の中で民権主義を扱い、その意味するところを明らかにしなければならなかったのである。

　そこで孫文がまず意図したのは、この民権主義の意味を単なるヨーロッパからの輸入ではなく、中国的なロジックにも沿って説明

第7章 孫　文　163

しようとしたことである。先に国家にかかわる儒教の教えとして易姓革命として説明したが、孫文の儒教読解によれば、孟子に先行する孔子では国家の必要性よりも人々の平等を目指す「大同」の理想が語られていた。また孟子にしても別のところでは、君主はどうしてもいなくてはならないものではない、とも紹介していた。その意味からも、中国では考え方として昔から「民権」に当たるものはずっとあったのだが、実行はされていなかったのだ、と孫文は強調するのである。

　このような孫文の叙述は、中国人を説得して行く上では大きな効果があったに違いない。なぜならば、世界ではエジプト文明、メソポタミア文明、インダス文明など数々の古代文明が栄えたわけだが、その時代からの歴史の記録や思想家の言葉がそのまま保存されているのは中国だけである。つまり中国人は、連綿としてこのような先哲の言葉を手がかりにして自分たちの政治や思想のあり方を模索して来た。孫文は、このような伝統の枠組みを利用しながら、中国に民権は適合すると結論し、世界の趨勢としてあるところの「人権」に近いものを受け入れようとしたことになる。

　ただ先に述べたように、孫文や毛沢東(もうたくとう)など、中国のリーダーたちは、「近代」にかかわる考え方において、ヨーロッパ、あるいはかつてのソ連の考え方をそのまま受け入れたわけではなかった。たとえば孫文は、ルソーの天賦人権説について以下のように述べている。ルソーの『社会契約論』によれば、人は生まれながらに天から人権を授かっているはずなのだが、人がそれを放棄したのだ、ということになる。これに対して孫文は、事実状態として人間は平等に生まれているとは言えない、という。孫文からすると、ルソーの考え方——ヨーロッパの法概念からすると「自然法」——は、理論が先行し過ぎているようにみえたようである。しかし、ルソーの主張

に根拠がないと言ってはみても、民権は否定されるものではない、とも述べている。孫文からするならば、民権はやはり「時勢と潮流から作り出されたもの」ということである。

そこで民権が必要視されるに至った「時勢と潮流」に関連して、自身の経験と知見から、帝権や君権を否定しなければならない、と孫文ははっきり述べるに至る。孫文が育った環境においては、清朝の統治に反対し、万民平等の理想を掲げる太平天国の乱の余韻が濃厚であった。ただ、その太平天国がなぜ失敗したかの原因について、万民の平等を求めつつも皇帝の地位を当然のこととしていたところにあるのではないか——このように孫文は考えた。実際のところ、太平天国軍の中において、誰もが皇帝の地位に就きたいとして内紛が勃発し、そして自壊に至った側面が存在する。この帝位をめぐる内紛はまた、辛亥革命以降の混乱する民国の状況にも当てはまることであった。辛亥革命の後、袁世凱が再び帝位に就こうとし、また彼の死後にも帝位を争うように軍閥が争う事態となっていた。このような習慣を取り除かねば、中国には平和が来ないという考えを孫文は抱いた。そこではっきりと帝権（君権）を否定し、それまでの多数を管理する力を「民」に返さなければならない、と決意したのである。孫文が民権を唱えた最大の理由は、まず自身の経験から得られた確信として、皇帝思想を廃絶さねばならないということであった。

その上で、しかし孫文は、ヨーロッパにおいて「人権」とともに成立した「自由」「平等」といった概念について、それらを中国的な条件に従って取り扱おうとも主張している。まず「自由」であるが、孫文からするとヨーロッパの封建領主制は極端に人民の自由を制限するもので、営業、労働、信仰などにも制限が加えられていた。そのためにヨーロッパでは、死をも賭して自由獲得のために戦ったと

するが、一方で中国の皇帝の元ではヨーロッパ中世にあったような不自由はなかったという認識を持っていた。中国型の権力は、皇帝に対して税金さえ払えば、その他のことについて深く干渉されて来なかったと言うのである。実は、これには一定の信憑性がある。中国において農民は、ヨーロッパのように封建領主（最大の地主）の元で生活を制限されていたわけではなかったからだ。その代わり、いわば中国における皇帝は人民が死のうが生きようがお構いなしであった、と考えられる。そういうわけで、孫文は中国においては、ヨーロッパの文脈のように死を賭しても自由を獲得する、そのような社会的条件はないとした。自由を強調しすぎると、むしろ権力を争う気風が高まるのではないか、と心配したようである。

そしてまた「平等」に関して孫文は、先にルソーに引っ掛けて述べたように、事実状態として平等社会があるわけではないと主張していた。天が人を生んだときから、頭や才能にはすでに不平等がある、と言い切っている。人類とはこういった状態を平等なものへと転化せんと努力するものであり、これこそが道徳の最大の目標であるとした。ここで道徳という概念が出てきてしまうのが、いかにも中国的ではある。孫文は、中国の伝統哲学から、人は利己的に生きてしまうと同時に利他的にも生きようとする——こういった道徳観に活路をみたようである。そして、事実状態としての不平等を平等なものに変えていく道徳心の発露として「服務」というコンセプトを強調した。この孫文によって述べられた「服務」という考え方は、中国共産党にとっても最大の道徳的価値として、また社会主義の価値としても結晶し、以後「人民服務」という用語を作り出した。多分に建前的なものであっても、それ自体の正しさは担保されなければならない思想として、「人民服務」は今の中国においても立派に流通している。

さて民権主義の話に戻ると、孫文は、中国の統治が円滑に運営されるには、民の「権」とそして「能」が区分けされ、この二つがかみ合って機能しなければならないと述べている。これはどういうことかというと、民権とは政府を管理する権利＝力であるが、その政府を動かすのは能力のある担い手でなければならないとした。孫文は、ヨーロッパの思想にしたがって、政府を機械や器のようなものとした。日本では実は、「機関」と翻訳されているものである。大正期、天皇の地位を絶対的なものではなく、政府の一機能として考え、そうして天皇機関説という考え方が示された時期があったのもこの例である。政府の管理権は「民」にあるが、政府を動かす「能」あるものはまた別に求めなければならないとする考え方がここから出て来る。これは先の、生まれながらにして才能がある人間とそうでない人間がいる、という孫文の考え方に合致している。その政府を具体的に動かす「能」は「権」とは別カテゴリーとして考えなければならない、というわけである。

またこの延長線上にあって、孫文は政府そのものの力を「治権」と呼び、そして「政府」を管理する力を「政権」と呼ぶ。こういった考え方の根本にあるのは、政府は前章の民族（主義）の保全のためにも、また後の章で扱うことになる民生（主義）を重視するにも、大きな力を持たねばならないという考え方である。欧米社会で言われている大きな政府、小さな政府という二つの考えがあるが、このロジックからするならば、明らかに孫文も、そして歴代の近代以降の中国の政治家や思想家も、強力な政府を求めて来たことになる。一般的なもの言いとしても、近代中国においてはずっと、人民はやはり、外国に侮られず、また自分たちの生活を保障してくれる強力な政府を望んで来たのである。

以上の意味からしても、孫文の『三民主義』が述べている内容は、

やはり国家や政府にかかわる伝統の哲学（主義）をアレンジしたものであり、またそれを離れたところで近代中国は自身の思想を構築し得ないものである、と言えるかもしれない。孫文は西洋の考え方に刺激を受けながら、伝統哲学をアレンジした説明原理で中国革命を指導したように思われる。そういったところで、孫文が設定した革命実践に携わる主体の配置は、先覚者、後覚者、無覚者であった。これはもちろん、儒教を素地とするところで、国家の大事に携わることができる学問の聖人を頂点とするヒエラルキーの構図であったが、これを孫文は近代的に読み替え、先覚者＝設計者、後覚者＝宣伝者、無覚者＝実行者とした。無名の民も革命の参加者となれるのではあって、この読み替えによって、孫文の革命論は、中国的な近代革命の色彩を確かに持つことになったと言えよう。

●『三民主義』その三、「民生主義」について

『三民主義』の中での民生主義という主張——これは、清朝を倒して、近代的な国家を作る上でともに闘った同士たちの間では、むしろ蔑ろにされる傾向もあった。それは、おそらく血気盛んな革命家においては、明確な敵というもの、また革命の形で一挙に行われる短期的目標の方が重要にみえたからだろう、と推定できる。『三民主義』の中での民族主義の目標は、清朝を倒し、外国勢力に付け入られない体制を作ることであり、また民権主義とは、そのための制度的保証として、国民一人一人に政府を管理する権利を与え、そして有能な人間を使って政府を強くすることであった。その一方、民生主義とは、簡単に言えば、民に十分な衣食住を与えるということで、短期的には一挙的な解決がない目標と言えるかもしれない。

ただ、孫文が言うには、「民生」は伝統的に中国の為政者が最も

気を配らなければならないものであり、これが疎かになれば、後の二つも必ず不安的なものになってしまう、と考えていた。過去を振り返ってみればこれは確かに言えることで、中国の王朝に対する反乱は、専ら民の生活が困窮していることに王朝がうまく対応できなかった時期に反応し発生している。また、儒教などの伝統哲学においても、民に十分な生活を保証できない状態が、為政者にとっても最も恥ずべきことと説かれていた。ただし孫文が考えた革命は、単なる過去の王朝に対する反乱の形式を論じたものではなく、近代的な価値を体現する意味での革命でなければならなかった。その近代革命を通じて、制度的な保証として民に豊かな生活を与えなければならない、という発想であった。

そこでまた、民生主義の主張は、同時代の世界的な潮流として、ロシア革命の結果としてソ連が成立していたことなども含め、それと比較するための言論実践として、孫文によって試みられなければならない内容でもあった。というのも、孫文が存命である時期、中国では既に中国共産党も成立しており、特にその共産党が典拠とするマルクス・レーニン主義との差別化というものが中国国民党にとっても必要だった。そこで孫文は、まず民生主義について、社会主義や未来に実現される共産主義と同じものだとして、しかしそこに向かう方法論が違うものと説明していた。孫文の理解では、マルクス・レーニン主義は、階級闘争を通じた革命を志向しているものの、中国においては階級闘争を基軸にした革命はやるべきではないとしている。中国においては今、十分な労働者自体が存在しているわけではなく、むしろ国家とそれを支持する民族資本が提携して工業化を推し進めなければならない段階である、というのが孫文の認識である。中国にとって今必要なことは、むしろ近代的な労働者を育成することであり、また工業生産にとって必要な有能な管理者を

育成することだ、と孫文は考えた。こう考えた場合には、確かに階級闘争は、不都合な考え方となるだろう。さらに根本的なマルクス・レーニン主義の考え方として、階級闘争が歴史を動かす原動力であるという主張に対し、孫文は、民に十分な生活を与えて来たかどうかということ、つまり「民生」にかかわる模索が歴史の原動力であるとその根本的な原理の違いを語っている。

民に十分な生活を与えるということを原義として、ではどのような社会改革が必要であるか——孫文が念頭においたのは、やはり強い国家を前提としたところでの社会的財源の平均化という課題であった。より具体的には、地権の独占的私有を抑制してそれを平均化すること、また私的資本をある程度制限して、国家資本を充実させ、国家主導の工業化を目指すことであった。ここまでであれば、実のところソ連型の経済政策、特にソ連体制が固まって以降の新経済政策（国家主導の経済運営と民間の自発性とのバランスを図る政策）とあまり変わりないと言えるかもしれない。大きな違いがあるとすれば、孫文の場合には、民族主義が貫徹し国家体制が整っているならば、大いに海外資本を導入した工業建設が可能である、と述べたことである。孫文の解釈によれば、そのようにして豊かになることも実は社会主義や共産主義の提議と違ったものではない、ということであった。

このような孫文の考えの筋道がどのように出て来たかということを考えてみると、やはりこの時期には、共産党との連携関係が存在していたことがあり、また具体的にソ連からの援助も受けていたということが第一点としてある。その意味で、孫文は共産党との差別化を心がけながらも、自身の民生主義は社会主義や共産主義と違わないものである、とも言う必要があったようである。ただその一方で、彼の晩期における結婚生活のパートナーは、上海における有数

の富豪の娘である宋慶齢(そうけいれい)であったこと、また多くの海外華僑の支持を孫文個人が受けていたことも彼の思想のベクトルを探る上で重要である。さらに孫文は、革命を遂行する過程で多く欧米の支持者からも援助を受けており、海外資本との提携への意欲もまた、その筋として繋がっていたと言える。すなわち、孫文は階級闘争を軸とする社会革命を相対化しなければならない立場にあったことも事実としてある。このような孫文を取り巻く環境から考えても、孫文の経済政策は、当時において存在していた様々な手法の折衷案たることとして、その性格の全貌が浮かび上がって来る。

さて最後に中国の指導者として、やはり避けられない問題として、特に農村問題、農民問題が横たわっていたことを考慮せねばなるまい。孫文の存命の間には実現できなかったが、彼が主張した土地政策として「耕者有其田（耕す者その田を有す）」政策があった。この政策は、土地を持たない小作を減らすことを主眼とする一方、一挙的に地主を失くしてしまうことも主張しなかった。いわば、漸進的に土地を持たない農民を減らして自作農にしていくこと、また土地を持っているが働かない地主を減らし、これもまた自作農に転化して行くことが求められた。そしてまた、収穫物に関しても、市場での取引を主眼にした制度設計を行うと同時に、飢饉などに備えて「義倉制度」を充実させようとした。孫文は、市場社会を前提とした資本制の枠の中でも、分配を国家が保障する制度設計を目指していたようである。

考えてみれば、言い方は逆かもしれないが、近年の人民共和国の考え方として「中国的特色のある社会主義」というスローガンがあるが、これはかつて孫文が持っていた改革の構想と似た性格を持つものであることに気づく。文革を経た中国は、かつてのような革命を手段として、つまり政権をひっくり返すとか、制度に打撃を与え

て解体するとか、そのようなやり方は意味がなくなった社会であると観察される。すなわち、漸進的な改革がやはり望まれる社会状態であり、民の側もそう望んでいるようにもみえる。そのような意味でも、実に孫文が考えたような漸進的な社会改良、またその改革の方途の折衷主義的なアイディアは、現在に生きているようにも思われる。いずれにせよ言えるのは、民に十分な衣食住を与えるということが、例外なく中国為政者としての感覚を形成していたことは疑えない、ということである。

●日本とのかかわり

最後に中国革命を志向する人物としての孫文の位置に関連して、その世代の生きた経験を振り返ってみるのも無意味ではないように思われる。まず、前世代の康有為のような清朝体制を保全した上での改良主義的方向ではなく、この点に関して孫文は間違いなく革命論者であった。だがどのような国家建設を進めて行くかという段階に至ると、彼は具体的な方法として、漸進的な手法を試みようとした。ただ、近代国家建設のあり様として、中国は永遠に己を改革しなければならない、という精神的な意味合いからして、彼は自分を「永久革命者」と位置付けたようである。果たして興味深いこととして、その過程で、欧米における革命や独立戦争などを手本としていた半面、時代の流れにおいて、日本の明治維新や後の自由民権運動なども、孫文の中では大きな参照軸となっていた。日本の政治家として親しく交流していた犬養毅宛ての手紙の文面には、「日本の〔明治〕維新は中国の革命の原因であり、中国の革命は日本の維新の結果である」と書かれている。孫文の抱いたこのような時代感覚は、当時の中国のエリートにとってはほとんど自明なことではあっ

たと言える。ただ手紙の主な内容は、日本が中国と提携して、欧米の帝国主義の侵入を抑えられるはずであり、だから日本は日英の同盟を重視するのではなく、中国との関係を重視してほしいということ。第二に、中国で現在展開している革命プロセスに対して無用な干渉をしないでほしい、このような要請であった。ここからも理解できるのは、孫文も含めて中国側の基本となる姿勢は、反帝国主義であって、そのための社会改革の方途を相互に尊重するという姿勢であった。孫文が最後に日本人宛てに遺したとされる演説の言葉として「大アジア主義」という演説があるが、それは以下のように結ばれている。

> あなたがた日本民族は、欧米の覇道文化を取り入れた上に、アジアの王道文化の本質をも持っていますが、今後は世界文化の前途に対して、結局のところ西方覇道の手先となるのか、それとも東方王道の防壁となるのか、それはあなたがた日本国民の、詳細な検討と慎重な選択に懸っているのです。(「大アジア主義」1924年、『孫文革命文集』岩波書店、2011年所収)

ここでの「覇道」や「王道」といった用語からも確認できるのは、孫文までの世代であると、日本なども含む広い意味での中華圏における共通遺産としての儒学＝道徳の観念が強く、そのような言葉の枠組みを持って自身の態度を示していたということ。翻って、孫文の世代までは、日本に対してそのような枠組みをもって、ある種の道徳的な信頼を置こうとした形跡が散見されるということになる。だからこそまた、この1924年時点での孫文の警告は、やはり預言的な性格を有することになったと言わざるを得ない。つまり、定義の多少の揺れ幅はあったとして、1931年の満州事変からの満州国の成

立、また1937年の盧溝橋事件からの日本の国家としての行動は、中国人からすれば非道な帝国主義的侵略以外の何ものでもなかった、ということである。

　もし現在を生きる日本人が、東アジアにおける中国人との共生を目指すというならば、このような20世紀前半における、孫文にみられたように期待と失望の経緯を深く反芻してみる必要があろう。そしてこの期待と失望は、実に繰り返されていることであるかもしれない。ここで振り返ってみたいのは、孫文が中国での革命について干渉しないでほしい、と犬養に要請していることである。つまりは「自主」の尊重である。日本が自主的に振る舞っているかどうかは、やはり今日においても、中国人に期待を抱かせるか、失望を感じさせるかのリトマス試験の意味を持っている。たとえば、それは東アジアにおける米国のプレゼンスへの態度である。まずそれをどうみるかは、立場によって違いがあるだろう。ただそこで、中国からみるならば、日本は単に米国の出先機関のようなものでしかないのではないか、という疑念が払拭できないということである。孫文は何よりも、中国も含めた新興国の自主的な発展を信じ、それを志向していた、と言えるだろう。

第8章 毛　沢　東

●またなぜ毛沢東なのか？

　なぜ、多くの誤りを冒したとされる毛沢東(もうたくとう)が今でも民衆に支持されるのか——この問題を解くのは容易ではないだろう。その誤りの事績に関して、多くは中国文化大革命（文革）の発動とその失敗に起因するものと言われている。1981年の共産党の第11期中央委員会第6回全体会議において発表された通称「歴史決議」、正式名「建国以来の党の若干の歴史問題についての決議」において、文革の誤りが徹底的に批判されたのだが、これは事実上の毛沢東への批判であった。翻って、文革に至るまでは毛沢東の政治指導には問題がなかったということになる。中国の現在のコンセンサスとしては、そのように時期を区別して毛沢東への評価が確定されている。文革以後の中国の政治のあり様とは、文革以前の軌道に戻す、ということになるかもしれない。いずれにせよこの問題は、後で触れることにする。

　この時に気を付けなければならないのは、今はもう、実質的には毛沢東のような英雄的な指導者を必要としない時代になっていることである。また逆から言えば、毛沢東のような強いリーダーシップをもったカリスマ的な指導者が必要であったということになる。毛沢東が活躍したのは、1930年代からで、当時は外側からは中国が帝

国主義列強によって包囲され、内側においては、軍閥支配により中国は分裂と混乱を極めていた時代であった。毛沢東が指導権を握った中国共産党は、農村や辺境地域へ浸透し、抗日戦争とそして国民党との内戦を勝ち抜き、1949年の人民共和国の建国を経て、社会主義的な計画経済を基調として、国家建設を進めていた。その時期まで、毛沢東が主導する方法は、主に革命政治とも呼べる大衆動員を基軸にした政治路線、経済路線であったわけであるが、このようなやり方自体、文革の終了とともに徐々に社会から姿を消して行くことになった。現在では制度設計と市場経済への調整を主とする統治手法が一般的なモードとなっている。

しかしながら、2010年に入り、目に見えて経済格差が広がり、特に若者の就職問題など、社会主義制度によって守られていた領域が崩壊した結果、従来にはみられなかった社会的反応が見受けられることになった。本書の序章でも示したところの社会ナショナリズムの発現である。そこで日本でも知られているところで、たとえば毛沢東への思慕が反日デモなどにおいて示されるなど、社会全体においてこのような隔世遺伝的な現象に対して困惑が広がることになった。今日の中国において、社会ナショナリズムの発現のイコンとして毛沢東が選ばれていることは、それとして注意しておかねばならないことである。

だからこそ、今さらながら毛沢東のことを考えて直してみる必要がある、ということである。端的に、若者の中である種の英雄待望論的な心情が広がっているのであり、これが毛沢東を呼び戻す原動力となっている。これはやはり、社会の中での富の分配の不均衡や政府高官の腐敗現象などからみて、毛沢東的なるものに何らかの希望を持とうとする心情が中国社会に遍在していることの現れである。しかしてまた、それはやはり、毛沢東の歩んだ道のりに感化さ

れてのことであるとも言える。というのも、彼は紛れもなく現代中国の統治者として1949年以降の人生を歩んだ半面、彼の若かりし頃の半生はまた、反逆的な行動によって彩られていたこともまた事実であるからだ。見方によれば、文革期の毛沢東は、既存の党や国家の組織を壊して作り変える意図まであった、ということになる。いずれにせよ、多少とも必要なのは、毛沢東なる人物の現代中国に遺した痕跡をしばらく辿ってみることである。

●若き毛沢東の経験

　毛沢東は、1893年に湖南省の湘潭県韶山沖(しょうたん　しょうざんちゅう)の農家に生まれている。父親は才覚があって、蓄財の後に田畑を増やしたり、商売の方にも手を広げるようになっていた。母親は、少数民族であるという説もあり、また文盲であったと伝えられている。毛沢東は、伝統的な教典を中心とした書院（私塾）での勉強を許されていたが、父親に農作業も含めて厳しくしつけられ、反発心も旺盛であったようだ。また幼少期の体験として、農民暴動を目撃していたことが大きかったようで、後の毛沢東の農民観念の形成に決定的な役割を持ったと考えられている。

　さて中国では裕福な農家は、子弟に学問をさせる余裕もあったわけであるが、この時期の時代の転換の中で、書院での伝統的な教育に加え、西洋方式の学校制度も徐々に整えられていった時期となっていた。1910年、毛沢東は湖南の湘郷県立東山小学校に入学し、さらに翌年には大都市である長沙に赴き、また湘郷駐省中学に入学している。しかしてこの時、辛亥(しんがい)革命が始まっていた。毛は学業を途中で放棄し、革命派の兵士として活動している。このこともまた、毛沢東が後の共産党のリーダーとして頭角を現す際の下地となって

いたことが容易に想像される。すなわち、ゲリラ戦争を指導する上での基本的な状況認識の形成である。

さらに毛沢東が毛沢東となるべく成長するプロセスをみた場合に、様々な実体験のみならず、思想受容のあり方に注目する必要がある。少年の頃に毛沢東が学んでいたのは、儒学の中でも陽明学系統の船山学と呼ばれる儒学思想であった。この船山学は、清朝が公認した公羊学のように観想的に体系や公理を重視するのではなく、個人の日常的な行動にかかわる主体性を重んじる傾向が強く、後の毛沢東の思想傾向がそこから発展して来たものとして読み取れる。中国において儒学は、科挙制度に対応したところで一般的な学問として普及していたわけだが、その教義の内容、さらにどの教典を重んずるかといった領域に関してかなりのバラつきがあり、地方や人間関係における特色の分岐とともに、広く人材のネットワークにも関連するようになっていた。興味深くも、この世代の革命家は、すべて普通教育の普及する以前の学問経験があり、その主体形成において、各々の儒学の系統や派閥に大きく影響される余地がまだあったと言える。つまり毛沢東よりも年下になると、もう伝統的な書院の教育はなくなっていく傾向となる。

伝統哲学に感化されながらも、しかし毛沢東が西洋の思想に触れていくことになるのも、やはり時代の趨勢としても必定なのであった。後に毛沢東がマルクス主義に感化される経緯も、この流れにおいてである。興味深いことに、それは毛沢東が育った湖南省という場所にも関係していたことなのであった。この地方は、清朝の首府からかなり遠く、幾つかの山脈と河川が入り組んだ土地柄であった。が、もう一方では当時外国に向けて開港されていた香港からの物質や文物が中国全土に広まっていく際、多くそこを通る交通の要所でもあった。湖南省は、独立王国的に振る舞う地方官がおり、学

問的にも特色のある学派が展開出来たものと言えるが、また一方では西洋の新思想が香港からそこを通りやすいロケーションにもなっていた。毛沢東は湖南の首府である長沙に来ていたが、この地において新たな学問を思考する学生のための「新民会」と呼ばれる組織を作ったり、また新たに雑誌を創刊したりしたが、以上述べたような時代の流れと地理的関係から類推できるわけである。1910年代の半ばから後半にかけて、毛沢東は五・四新文化運動における最も著名な雑誌、『新青年』の熱心な読者にもなっており、さらにペンネームで論文を発表したりもしていた。しかしやがて、ロシア革命（十月革命）の影響が中国にも確実に出て来ることになる。毛沢東は友人たちとともに、1920年に長沙共産主義グループを組織、さらに翌年の1921年の上海における共産党の第1回目の全国代表者会議にも出席している。この時、毛沢東はまだ28歳であった。

　この時期より毛沢東は、故郷の湖南や上海、さらに北京などを活動的に往復していた。ここでもう一つ後の毛沢東の活動の傾向として、一つの経験がポイントとして出て来る。それは、この時期の共産党における、陳独秀や李大釗などの学者でマルクス主義に転じた人々との交流と分岐である。一時期、毛沢東は北京大学の図書館で司書も務めており、この時期にアカデミシャンとしてのマルクス主義者との交わりも生じていた。しかし毛沢東の活動は、主に地方の農村における活動を中心に展開されていた。ここにおいて、毛沢東の実践家として成長して行くパターンがみて取れる。広大に広がる中国の大地において、革命の主体となる人々の動向に常に毛沢東の活動が方向づけられていたと言える。この時予想されるのは、やはり毛沢東がアカデミーの中で議論されているマルクス主義のあり様というものに、実際の中国社会との落差を読み取っていたことである。毛沢東は一時期、湖南での労働運動の組織化にかかわっていた

が、やはり主たる活動領域として、農村へとシフトして行くことになる。当時、いわゆる工場に勤める労働者の比率は、産業社会の進展が大規模に始まっていなかった中国においては、極端に限られていたのである。毛沢東は、自身の経験則にもあったところで農村での活動を好んでいた。

　農村での農民運動へ専心するこの時期から、毛沢東の革命家としての人生が本格的に始まるわけだが、1920年代の半ばは、国民党と共産党は合作期にあった。国共両党は協定を結んでおり、軍事行動において全国的な統一を図っていた。すなわち、国民革命あるいは「北伐」と呼ばれる行動である。この時期、毛沢東は、国民党の党籍も有して農民運動を指導していたのである。

　では、この国民革命の時期、なぜ国共合作において農民運動が志向されることになったのか。それは第2章でも説明した通り、「北伐」が軍閥の解消を目指すものであり、その軍閥の主たる徴税機関として地主層が農民からの地代を取っていたからである。軍閥の財源を断ち切るためにも、農村における地主制度を解体する必要があったのだ。軍閥の解消を目指すこの国民革命期（北伐期）において、地主による苛酷な取り立てをやめさせ、より条件のよいところでは土地を農民に分配するところまで進めようとしたわけである。この農民運動は、やはり中国における近代的変革運動において、必須の課題として現出し、毛沢東はその渦中に身を投じたことになる。しかし、この合作期の終わりとして1927年の蔣介石による反共クーデタが強行されるに至った。国民党内において、農民運動も含め、階級闘争的な色彩を帯びた運動の傾向に関して、反感や拒否感を醸成していた勢力が、蔣介石の元に支持を集中しつつあったのである。

●毛沢東と内戦、および祖国防衛戦争

　国民革命(北伐)の最中、1927年4月に発生した蔣介石(国民党右派)による反共クーデタは、数千人に及ぶ共産党員の粛清を強行することで、一つの時代にピリオドを打ったことになる。つまり、第一次国共合作の終わりとともに、都市における共産党の合法的活動が困難になったということである。蔣介石に反発する国民党左派と共産党との合作がかろうじて維持されて、武漢政府が存続していたが、やはり同年それも崩壊した。北伐軍の中にあって国民軍の一部として活動していた共産党系の軍隊は孤立し、南昌という都市を攻略すべく軍事行動を採ったが、これにも失敗し、最終的には江西省の井岡山(せいこうざん)という山地に引き込んで、根拠地建設に向かうことになった。この根拠地活動は、都市での基盤を奪われた共産党勢力にとっては、これしかないやり方であったと言えるが、この根拠地闘争の中で徐々に毛沢東は自身の頭角を現してくることになる。またこのころからこの共産党系の軍隊は、「紅軍」と称されるようになる。

　武器や装備の豊富でない紅軍は、農民を味方に引きつけて活動することになった。この時に重要なことは、共産党側が採った政策が、徐々に毛沢東の路線として定着していったことである。はじめ共産党側は、ソ連の方式に従って農村の土地すべてを没収し公有化しようとしたが、むしろ農民からの反発を招くことになった。農村は地主を中心とした有機的で複雑な社会構成を為しており、一律に土地を没収することはむしろ逆効果なのであった。村全体の同意を調達する上でも地主の協力は不可欠であった。現に、この後に共産党の幹部になっていく人員は、この地主の次男坊からであったと言われている。またもう一点、この根拠地運動は、都市を攻撃するこ

とを目的としていなかったのだが、これはソ連の指導を受けていた中国共産党にとってはソ連からの批判を招くことであった。ソ連およびソ連派の指導者は、やはり正規戦による都市攻略に拘っていたのである。しかしながら、先に述べたように、武器と装備に劣る共産党が都市を攻撃しようとすると、都市に構える国民党軍に敗北することが見て取れた。そこで毛沢東は、共産党内部のソ連派との論争を続けながら、都市攻略の冒険をせず、農村部、辺境区における根拠地を維持し拡大し、その基盤の上に立った戦争政策としての「人民戦争理論」に依って活動を展開していくのであった。江西省から福建省にまたがる毛沢東が維持する根拠地は、4回ほどの国民党軍からの包囲掃蕩作戦を跳ね返し、根拠地を維持し続けた（しかし5回目の包囲掃蕩作戦には耐えきれず、「長征」に向かう）。

　毛沢東は、なぜこのような根拠地運動が必要なのか、またなぜこのような活動が続けられているのかについて、一定の見取り図と理論的な根拠を提示する必要があり、共産党全体に、さらにソ連に向けて説明する必要があり、そこで書かれた論文が第2章で取り挙げた「中国の赤色政権はなぜ存在することができるのか」であった。

　ここでの毛沢東の中国社会に対する問題規定は、「半植民」地というものであった。確かに20世紀の前半の中国は、インドなどとは違って面としてすべて植民地化されたわけではなく、帝国主義を背後に背負った軍閥によって（さらに国民党自身が半ば軍閥化して）分割統治されており、それを半植民地と呼んだわけである。そのような曖昧な支配形態が広大な土地を覆っている中で、毛沢東は徐々に指導性を発揮しはじめ、そして実質的に中国共産党は、ソ連方式の革命路線から距離をとっていく。この時以降、中国共産党は、形式的にはソ連からの指導を受け入れて活動を存続させる主体であったが、実際の方針においては、毛沢東を中心にして独自性が追求され

始めたと考えてもよい。後に明らかになることとして、1960年代において中国共産党は、ソ連から自立を果たすことになるのだが、その萌芽は既にこのころ、「人民戦争理論」を実行していた段階から始まっていたとも言える。

さて、江西省と福建省にまたがる大きな根拠地を有していた共産党であるが、1935年、5度目の国民党軍の包囲掃蕩作戦には敗北せざるを得ず、この根拠地を放棄し、長い旅に出る。後に「長征」と呼ばれることになるこの行動は、中国の南西部を通って、北西に達する距離を走破し、最終的には陝西省の延安に共産党の中心的根拠地を据え置くことになる。この過程の中で、毛沢東の指導権が本格的に確立すると同時に、またソ連からの「お墨付き」も得て、この後の毛沢東の指導体制が強化されることとなる。

1936年からの数年、毛沢東は延安を中心に根拠地活動を継続させていくわけであるが、その最中に中国をめぐる状況は、大きな変化をみせることになる。世界的な共産主義運動の中心セクターとなっていたソ連は、それまでより近い存在であった社会民主党との論争や対立を闘いの主軸としていたが、ナチス政権の成立とその増長を目の当たりにして、戦略を転換し、むしろ反ファシズム統一戦線へ方針転換して行くことになる。ここで言う社会民主党とは、中国の場合には国民党を指すのであり、すなわちソ連は再びの国共合作を強く望むようになっていた。このことと平仄を合わせるようにして、中国において第二次国共合作が結果することとなった西安事件が引き起こされる。つまり、共産党と歩調を合わせた開明的軍閥、張学良が蔣介石を軟禁し、共産党との話し合いを進展させ、中国東北部(満州地域)を占領していた日本との闘いを優先させることになった。それまでの蔣介石は、日本軍との闘いを避け、共産党を掃蕩する戦争に力を集中していたのであるが、これを切っ掛けに方針

転換を引き受けることになったのだ。そしてこの国共合作への反発を示すように、日本軍は、1937年7月の盧溝橋事件を突破口として中国内部での戦闘を全面的なレベルへと引き上げていく。

　この時から、中国における日本軍との闘いは、統一戦線の色彩を帯びるようになり、延安に知識人も含めた多くの人材が集まることになる。この時期、毛沢東は、この祖国防衛戦争が敗北に終わるのではなく、勝利に終わることを説得しなければならない時期にあった。なぜなら、日本の占領地域では、かつて国民党側で活動していた大物政治家の汪精衛（汪兆銘）など傀儡政権が日本との「和解」を主張していたからである。この時、毛沢東は巧みな筆致で分かりやすく日本との間の祖国防衛戦争にいかに勝利し得るのか論じていた。すなわち、第2章で紹介した「持久戦を論ず」である。

　この「持久戦を論ず」は、先ほどから述べている「人民戦争理論」を別の角度から言語化したものとも言えるが、重要なのはまさにその書き方であった。毛の文体の特色は、まず知識人以外の人間にも伝わる文体だということである。日本と中国との比較にしても、いわゆる科学的な分析というよりも、陰陽表現など伝統的なロジックとレトリックがあって、その説得にはある種の中国的なリズムが備わっている。中国がこのようなリーダーを有したということは、まずもってその「宣伝」効果の大きさがこの時の軍事も含んだ活動において決定的であったということである。

　この時に手本とされていたソ連の革命方式は、十月革命にみられる通り、都市におけるクーデタ方式であり、これはそれまでの秘密活動による一挙的な行動である。革命家は、そこでは身分を隠した職業革命家であり、陰謀を保持する必要があった。そして革命の後に国家権力を握り、社会主義政策を実施して行く――このような方法論を有していた。しかし一方の中国の場合には、長期的な内戦と

祖国防衛戦争が社会状態全般の基礎関数となっており、共産党の活動は農村や辺境地区も含めていかに味方を増やしていくか、という道筋が肝要となっていた。そのために最重要視されたのが「宣伝」である。そしてまたこの「宣伝」は、主に知識人以外の大衆をその受け取り手として想定せねばならなかったのである。いわゆる毛沢東の文体（毛文体）は、このような社会環境の中で研ぎ澄まされていったと想定される。

●解放後の国家建設

1949年、日本軍を大陸中国から追い出した後に勃発した内戦に共産党は勝利し、毛沢東は、中華人民共和国の成立を宣言するところとなった。しかし、人民共和国の歩みは多難を極めることになった。1950年の6月に勃発した朝鮮戦争は、内部の内戦状態が米ソ超大国の代理戦争の意味合いも帯びて来ざるを得ず、米国の参戦にあって不利になった朝鮮民主主義人民共和国の側への支援として、ソ連との協議の後に、人民共和国は「抗米援朝」方針を決定し、人民義勇軍を朝鮮半島に派遣するところとなった。この朝鮮戦争は、1953年に停戦となったものの、中国は自身の防衛と安全保障を強く意識せざるを得ず、軍事部門の強化を目指して極端な重工業化偏重の経済政策を実施しなければならなくなった。

第2章で述べたように、この問題の重大さは、社会主義化は長いプロセスの後で実現させるという従来の政策「新民主主義路線」を変更し、急速な集団化を強行せざるを得なかったことにある。全社会の富を重工業化のために集中すると同時に、その重工業化と集団化のモデルとしてソ連の技術援助を受けねばならなくなった。元より毛沢東はできるだけ、ソ連からの自立を模索しようとしていた人

物であったが、1950年代はそのような路線を採らざるを得なくなっていた。しかしやはりというべきか、毛沢東は、出来る限り中国共産党の路線について、ソ連から自立したものにしたいという願望を有していたようである。

ソ連内部でフルシチョフによるスターリン批判が行われた同じ年の1956年、毛沢東は「十大関係論」という重要講話を行っている。この講話の一部で、かつて1920年代〜1930年代にかけてコミンテルン派で中共のトップであった幹部王明(おうめい)への批判を繰り返していることからも、端的に脱ソ連が暗示された講話ともみなし得る。そしてその政治経済にかかわる報告において、朝鮮戦争以来緊密化している主に東北部におけるソ連モデルの移植への部分的批判が為されている。その批判の骨子は、ソ連モデルから影響を受けた重工業への偏重、農業集団化の強行、過度に中央集権的な計画経済、粛清問題など多岐に渡るが、いずれにせよソ連モデルからいかに自立し、その克服を目指す中国社会主義の理念と方法を探る試みを示すものであった。

　国防をもたないわけにはいかない。軍隊をすべてなくしてよいだろうか？　よくない。敵がいて、その敵はわれわれをかたづけようとしており、われわれは敵に包囲されているからだ。われわれは、すでにかなりの国防力をもっている。抗米援朝戦争(一九五十〜五三年)をたたかってわが軍隊はより強大になったし、自己の国防工業も建設されはじめた。盤古の天地開闢以来われわれは自動車、飛行機のつくりかたを知らなかったが、いまや自動車、飛行機をつくれるようになりはじめた。わが自動車工業はまずトラックをつくり、乗用車はつくらない。そこでわれわれは毎日外車で会議に出かけるほかない。愛国的であろうとしても、そ

んなにはやくはできない。いつの日か国産車で会議に出かけられればそれでよい。

われわれはまだ原爆をもっていない。しかし、過去には飛行機、大砲さえなく、われわれは粟プラス小銃で、日本侵略者と蒋介石とをうち負かしたのだ。われわれはすでにかなり強いが、こんごもっと強くなければならない。このために頼るべき方法は、軍事・行政費をほどよい比率にすることで、その比率を段階を追って国家予算の二〇パーセント前後に下げることだ。こうして経済建設の費用を増やし、経済建設をより大きくはやく発展させる。これを基礎とすれば、国防建設もより大きな進歩をえられる。こうすれば遠からず、多くの飛行機、大砲だけでなく、自分の原爆ももてるようになる。

原爆がほんとうにほしいか？　もしそうなら軍事・行政費の比率を下げ、経済建設に力をいれる。原爆がほしいというのはウソか？　もしそうなら軍事・行政費の比率を下げず、経済建設に力をいれない。いったいどちらがよいか、みんなで研究してほしい。(「十大関係論」1956年4月、『毛沢東　社会主義建設を語る』現代評論社、1975年所収、翻訳：矢吹晋)

この文献「十大関係論」は、当時もそして今日も、ソ連からの「自立」をマークする意味で重要な文献として受け継がれている。ここで注意しなければならないのは、これまでの重工業路線ははっきりとソ連モデルへの依存を前提としていた事態であり、この引用部の用語でいえば「経済建設」の範疇にある。その一方、ここで述べられている「軍事・行政費」はかつての1930年代を中心とした「人民戦争理論」を念頭において、主に人間にかかわるコストを意味する。

さらにもう一つ付け加えなければならないのは、この後明らかに

なって行くいわゆる通常兵器開発と核兵器開発の間の予算配分の矛盾である。中国の核兵器開発を研究した学者・平松重雄によれば、既に1980年代に入ってからのことで、1950年代における兵器開発と生産について当時の国防部長であった張愛萍(ちょうあいへい)がこのように言及していたという。つまり、当時の中国の予算規模では、到底のところ通常兵器によっては米国に対抗できない（さらに後にはソ連にも対抗できない）ところから、むしろ核開発の方が低コストであろうとの計算から、そちらへの傾斜配分に到ったという指摘である。このことに鑑みて、「十大関係論」以降の中国における軍事発展の志向性は、だいたいにおいて通常兵器にかける予算を削減し、それを核兵器開発に集中させ、さらにその過渡期の穴埋めとして旧来の「人民戦争理論」が文革中にかけて持続的に喧伝され続けていた、という具合ではないかと思われる。

●毛沢東にとっての文革／ポスト文革

文革は、毛沢東の焦りから始まったという叙述は、それなりに説得性があるかもしれない。いわゆる劉少奇(りゅうしょうき)や鄧小平(とうしょうへい)など、軍事部門にかかわる重工業化と総体的な経済発展を主たる目的とする官僚体制を保守する側にとって、毛沢東が発動した「大躍進」政策は、経済法則を無視した観念的大衆運動であったことになる。そこで毛沢東は、露骨なものではなかったにせよ、その政策の失敗を受け自己批判せねばならなかった。そして、実質的な指導者の身分としては、1960年代の初頭からその地位を劉少奇に譲っていたことになる。これへの不満が毛沢東をして文革に走らしめたという見方も当然存在する。

これはこれで一つの見方であるが、さらに当時の国際状況も押さ

えておく必要がある。中国は、1960年ごろ、決定的にソ連との対立状況が発生していた。問題は、中共内部の問題として、毛沢東への風当たりが強くなっていたことに加え、1950年代後半から、中国内部でのソ連の通信基地を許容するかどうかの問題も大きな分岐的となっていた。当時国防部長であった彭徳懐(ほうとくかい)は、毛沢東の「大躍進政策」を批判すると同時に、この件において、ソ連の立場に立っているとみなされたようである。彭徳懐は、軍事理論としても、ソ連式の重装備による国境防衛を旨とした軍事戦略を立てていたが、これに対してライバル関係にあった林彪(りんぴょう)は、ソ連との結びつきもあったものの、終生毛沢東の「人民戦争理論」を支持することによって彭徳懐の解任の後、国防部長の地位に就くことになった。1966年から始まり、ほぼ10年で収束することになる文革のプロセスを後ろで支えていたのは解放軍であり、この後ろ盾の元に、林彪は文革のペースセッターとなっていた。

　文革の大きな政治目的は、毛沢東にとっては政敵を無力化することであったが、やはり彼独特の革命観として、永久継続革命を目指すロマンチックな革命家として、劉少奇や鄧小平流の官僚体制を基軸とした社会主義国家建設ではなく、大衆運動を動力とした国内階級闘争を戦略的に押し進めることであった。この階級闘争を主軸として、文革派を育て、党と国家を再編して理想の共産主義国家を創出しようとしたところが毛沢東の心中の願望であったと考えられよう。

　そこで当初の毛沢東は、自分が敷設した教育機構の中で成長していた学生たちに火をつけ、政敵を追い込むという手段をとって文革を発動したわけであるが、学生と教育機構、また労働者の組織、さらに学生同士でも武闘が始まるところとなり、毛沢東は、むしろそういった学生たちを農村や工場へと赴かせる、という形で当初の文

革の構図を変化させるところとなった。これが1968年に起きたことであり、学生たちを大幅に都市から移動させたこの運動を「上山下郷運動」と称したのである。

　その後では、文革は都市において造反派の労働者や幹部が旧来の指導部を批判し、辞めさせ、とって代わるという奪権闘争が運動の主流となっていく。またこの時の運動の理念というものも、都市と農村の対立、知的労働と肉体労働との疎隔、また農業と都市工業の分離を批判し超克せんとする内容を有しており、この問題は、問題として検討されるべき課題として遺されることになったと言える。しかし文革は、実際の闘争の場面では多く武闘が用いられたことからも、このプロセス全体を管理する主体として、やはり解放軍が大きな後ろ盾とならざるを得なかった。この時期に実権を振るったのが、先の林彪なのであった。

　しかし文革は1971年、この林彪が失脚することでさらに大きな節目を迎えることになる。実はこの年は、米国国務長官キッシンジャーが中国を訪れるなど、米中接近という大きな冷戦構造の変化がみえていた年でもある。当然のこと、林彪の失脚はこれと関連する出来事であった。ここから文革は、徐々に階級闘争的な文脈を鎮めるプロセスへと進んでいくことになる。なぜならば、林彪亡き後、国防部の参謀たちは、実に文革の観念性を嫌った実務者的な思考をもつ葉剣英などの幹部たちとなったのである。しかし一方、造反派の奪権闘争から派生して来ていた造反派幹部たちがいる。彼らは、後に毛沢東によって四人組と称されるグループを形成したが、しばらくこの実務者解放軍幹部と四人組との間での綱引きが続くことになるのである。

　だが文革は、毛沢東の肉体の衰えとともに、確実に収束に向かうように、1970年代の半ばの歴史は動いて行った。1975年にベトナム

戦争が終了し、東アジアにおける軍事的なプレッシャーは大きく軽減されることとなった。文革は1976年に毛沢東が死去し、また造反派幹部である四人組の逮捕とともに終了を宣言されることとなる。

この後で明確に文革の革命政治が共産党の決定として全否定されるのは、1981年からであるが、それに先んじていわゆる改革開放政策が1978年より始まることになる。この改革開放政策は、実のところ既に毛沢東によって承認されていたことだ、という研究者による指摘もある。日本や欧米の投資を是認し、経済発展を図ることは既に許可されていたことであり、毛沢東の後釜となった華国鋒はこの路線を突き進んだ。しかしこの路線が、実に極端に進み過ぎ、財政圧迫をもたらしたために、長年政権の周辺部に留め置かれていた鄧小平が復活することになり、ポスト文革の時期の中国の顔となっていくのであった。考えてみれば、実にこの文革の終了時においても、中国の工業生産力は実に世界第6位になっていたのである。文革において一時期的には、その進展が鈍化していたとしても、大まかに言えば、中国において教育や交通・通信インフラ、また重工業の基礎的組織など、ほとんど遅滞なく発展していた。農業経済学者の温鉄軍が述べているように、これ以上の経済発展を期待するのであれば、中国は国際的な資本主義分業体制の中に自分を挿入しなければならないほどの程度に発展していたのであり、自国のみの経済成長は飽和点に達していたのである。

以上述べたように、改革開放とは実際のところ、中国経済を国際的分業体制に挿入することであった、とみなすことができる。しかもそれを中共が主導するのであるから、党と国家によって守られた国際分業化＝資本主義化であったということができる。1980年代そして1990年代の中国の経済発展は、この改革開放路線の確定の延長線上にあるものだが、この政策がもたらした国内の経済格差という

もの、また資本や土地、人事にまつわる共産党内部の権限の大きさから招来される腐敗に関して、やはり1990年代の後半から大きな批判が中共に向けて投げかけられるようになっていた。これが、この章の冒頭で提示したところの若年層にかかわる英雄待望論である。

●毛沢東の理想と現代中国

　毛沢東が行った政治的リーダーシップをどのように再評価するのかは、極めてセンシティブな問題となる。人民共和国の骨格を作った人物として、彼を全面否定することはやはりできないのであって、鄧小平にみられるやり方として文革を発動した部分を批判するという部分的否定が、現在の中共内部の公的見解となっている。これ以外のところで毛沢東に対して新たに評価し直すとすれば、それは、実に彼の理想主義的な考え方が如実に顕れていたところの文革期の評価ではないか、と思われる。

　単純化すれば、それは人類史的な遠大な目標であったと思われる。つまり、先に述べたところの、(1)都市と農村の対立、(2)知的労働と肉体労働との疎隔、(3)農業と都市工業の分離——これらを批判し超克せんとする革命思想への評価である。ある意味では、ユートピア的な色彩の強すぎるモメントでありながら、やはり人類史的な課題とし実験を志向した部分について何らかの再検討の余地があるのではないか、とも思えてくる。というのは、現在の2010年代以降の中国こそ、実にこの三つの矛盾が鋭く、また深く問われざるを得ない危機的な水準が到来しているからである。またもう一つ付け加えるとすれば、毛沢東はソ連からの自立を志向しこれを成し遂げ、また米国との対等な地位を獲得するための現代中国の位置を求めていた経緯からも、国家の独立という価値においてやはり毛沢

東のイメージは、否応なく参照させられることになる。総じて毛沢東は、中国のみならず第三世界における国家独立のシンボルとして、またもう一つ、社会的平等を望むユートピア思想のシンボルとして遺ることになると言えるのではないだろうか。

　さて毛沢東像が掲げられた2012年の反日デモであったが、これは日本に対する直接的な批判というよりも、日本政府に対して弱腰であってはならないとする現政権に対するサインであったとみるのが至当であろう。というのも、領土問題をめぐって大衆のデモが日本の大使館などに要求書を送り届けるなどの具体的な行動がなかったからである。ただこれもまた、中国の伝統といえば伝統なのかもしれない。五・四運動においても、学生が押しかけて行ったのは、日本関係の施設や人物ではなく、日本政府の要求に迎合的であった政府関係者に対してであった。毛沢東も含め、中国の指導者は、抗日戦争の時に日本を批判するのは当然のこととして、その時期以外において、日本に対して直接「反日」的に振る舞うということは実は少ないのであり、またそれは中国の大衆運動の歴史としてもそうなのである。「反日」が掲げられることになったとしても、その時の実質的な行動は、自国の政府に対して、つまり自己否定として現れるのである。

第9章 鄧小平

●実務者の風貌

　1970年代後半、文革の終了から改革開放が始動しはじめた時期、鄧小平(とうしょうへい)は、毛沢東(もうたくとう)の死後にリーダーの地位についた華国鋒(かこくほう)を追い落とし、改革開放を担う現代中国の顔となった。鄧小平と言えば、この文革からの改革開放への路線転換を図ったリーダーとして位置づけられているが、やはり鄧小平は、1997年の死後において唯物論者（共産主義者）らしく、大仰な葬儀を拒み、海への散骨を願いでている。こういったことからも、鄧小平の人生はまた、中国革命の重要な一部分としてもみなければならないのである。

　鄧小平は、1904年に四川省の広安県の地主の家系に生まれている。そして1920年、16歳の時にフランスに留学する。それは、第一次大戦後の労働力不足に応じたところでの「勤工倹学」という枠組みに乗ったところでの留学であった。当時、中国ではまだまだ新式の学校教育が不足しており、留学は富裕層の一つの選択となっていた。よく言われている客家人(ハッカ)の気質としての「質実勤勉」が物語るように、フランスでも生活の安定を得るため彼は懸命に働いた。勉学よりも彼の人生にとっては、レストランのボーイ、清掃夫、また工場などで働いた経験の方が大きかったとも言われている。またそこにおいて、世界的な社会主義運動の波に影響される形で、1922年

に中国少年共産党に入党、当地の機関誌の編集委員を担当することになる。次いで1925年には中国共産党のヨーロッパ支部の指導者として頭角を現すも、1926年フランスにおける取締りの強化の煽りを受けて留学先をソ連のモスクワに代え、東方勤労者共産大学さらにモスクワ中山大学でマルクス・レーニン主義を学ぶことになる。

　最終的に鄧は、蔣介石(しょうかいせき)による反共クーデタの年(1927年)、中国に帰国、毛沢東たちが始めていた根拠地活動に専心することになる。そこでの鄧小平は、農村での活動を重視する毛沢東路線に忠実な態度を示しており、コミンテルンの指令に忠実なソ連留学組が多数派を占める党指導部は、一時期鄧小平を失脚させることになるが、結局は周恩来(しゅうおんらい)の助けを借りて中央秘書長として復活を遂げることになる。この後、鄧小平は抗日戦争、国民党との内戦の戦争指導にかかわって重要な役割をこなし、1949年には終に中華人民共和国の成立を迎え、解放後の人民共和国の中枢部において主に財務関係の指揮を執ることとなる。客家人を表して「流浪の民」という言い方があるが、鄧小平は故郷を出てから一度も故郷の土を踏んでいないようだ。フランスへの留学が彼を共産主義者にするきっかけなのだが、そこに客家人としての生き方が重ね合わせられることにもなるのだろう。

　以上が鄧小平の前半生である。中国共産党と現代中国の成長に付き従ったところの、有能な実務家としての姿が仄(ほの)見える。これは中国共産党の中でも、一つの典型的なこの世代の特徴を表現している。彼の仕事ぶりは、いかにもまた客家人の伝統を彷彿とさせる生真面目さを有しており、また元よりの資質として頭脳の明晰さが際立っていた。そして彼の信念としてあるのは、現代中国をリードできるのは共産党であり、すべてが党活動の中から生み出されるべきとの考え方であった。そこで思い出されるのは、1957年に発動され

た反右派闘争の陣頭指揮に当たっていたのが鄧小平だったという事実である。この運動は毛沢東による考え方として、知識人に自由に共産党に対する批判を喚起させようとしたところから始まったわけだが、知識人からの批判があまりに大きくなり過ぎたために、反転して知識人を弾圧する方向に転換したあり様である。現時点においては、この時弾圧された知識人はほとんど名誉回復されている。

　ただこのような運動（運動の挫折としての弾圧）が生じてしまったことについて考えてみると、党活動の中に入って実務活動をしている党幹部たちと、党の外で教育や研究、言論活動をしていた知識人との間には大きな疎隔が潜在していたということであり、これは実に現代中国において宿命的な課題であったといえよう。1957年に知識人を弾圧した鄧小平は、やはり1989年の天安門事件において、天安門広場に集まっていた学生たちを排除することを決然として決定するのである。

●文革期の鄧小平、およびその遺産

　鄧小平が独自の彼の立場を表すのは、やはり毛沢東の「大躍進」政策の失敗を目の当たりにしてからだろうと考えられる。これは、劉少奇（りゅうしょうき）が毛沢東の失敗を深刻なものとして受け止め調整政策に専心していく道行きと同じ軌道である。鄧小平は、毛沢東のように理想を語るタイプの革命家ではなく、結果責任を重視する党幹部として人民共和国の安定的な運営にこそ尽くす活動家であった。そこで鄧は、次第に毛沢東との対立を深めていくこととなる。

　1960年代の初頭、「大躍進」の失敗の責任を取って毛が政務の第一線を退いた後、総書記となっていた鄧小平は国家主席の劉少奇とともに経済の立て直しに邁進する。この時期、鄧小平は農民に自主

的な生産を認める「請負制」を導入するなど、いわゆる調整政策を導入、そこで食糧生産に関しては回復傾向をもたらすことになる。この請負制の導入は、1970年代後半の農村地帯における改革開放において全面的に採用されていくことになる。いずれにせよ1960年代初頭に展開された劉少奇と鄧小平による成果は、むしろ毛沢東にとっては、1966年の文化大革命の発動に繋がる問題の「種」を作ってしまったと言えるかもしれない。文革が始まると、鄧小平は今度は「走資派」と批判され権力地盤を失うことになる。

　文革の嵐が鋭く党の実務者たちにのしかかっていくプロセスの中で、1968年、鄧小平は全役職を奪われ、さらに翌年には江西省の南昌に「下放」(都市生活から離され、農村や工場での学習が課される)されることになる。一方、鄧小平と同様にして「走資派」の大黒幕とされた劉少奇は、1969年河南省の開封市にて軟禁状態のまま最期を遂げる。鄧小平はむしろ党内順位において劉少奇ほど高くなかったからか、完全な抹殺には至らず、また党籍も剥奪されなかったようである。しかし下放された南昌ではトラクター工場や農場での農作業に従事するなど、辛酸を極めることとなる。だがここでも質実さをモットーとする鄧小平は、自身の境遇に耐え忍ぶことができたのである。

　1971年、当時のナンバー2とされた林彪が乗った飛行機が墜落する、いわゆる林彪事件が勃発し、文革が後期に差し掛かって来る。すると1973年、鄧小平は周恩来の助力により中央に呼び戻される。鄧は周恩来を補佐して、党活動と国務院副総理などの職務に就き、さらに共産党の中央委員にも返り咲く。党中央委員会副主席、中央軍事委員会副主席、中国人民解放軍総参謀長となり、政治局全般を統括、さらにまた外遊にも出かけ、海外(主に日米など西側世界)での経済発展の様子を間近に観察するところとなった。

ただしばらくして、またしても大きな転機が訪れることになる。彼を庇護していた周恩来が1976年の1月に病没すると、運命はまたも暗転する。周恩来と対立しつつ、文革路線を継承していた党内のグループ、四人組と称されていたグループが、鄧小平を追い落としにかかったのである。

同年の清明節に天安門広場で行われていた周恩来の追悼デモが、江青(こうせい)など四人組によって統括されていた武装警察や民兵によって鎮圧される。これは、1989年の天安門事件と区別されて、第一次天安門事件とも称される。鄧小平は、このデモの首謀者とされ、再び失脚と失職の憂き目に遭うことになる。ただしまたも党籍だけは剥奪されず、同年の9月に毛沢東が死去すると、後継者の華国鋒を支持して自身の職務復帰の希望が出され、鄧小平の再度の復活の脈が生じて来ることになる。同年の華国鋒による四人組逮捕の後、翌1977年鄧はまたしても二度目の復活を果たす。この後のプロセスとしては、過度な財政出動と外資の導入によって経済混乱を招いた経緯の追及から、トップとなっていた華国鋒が責任を取らされ、鄧小平が政務運営において華国鋒に取って代わり、改革開放全般のかじ取りを担っていくことになる。

以上、文化期を通じた鄧小平の浮き沈みを概観したわけだが、ここにおいて鄧小平の政治観(特に文革観の影響)というものが否応なく見て取れる。すなわち、政治闘争を回避し、党のリーダーシップによる実務的な作業の積み重ねの中で安定的な経済運営を統制して行くスタイルである。実にこのやり方は、後の江沢民(こうたくみん)、胡錦濤(こきんとう)などの歴代の政権にも受け継がれていく。

ここでもう一つみておきたいことは、1970年代に復活している時期、鄧小平が何度か米国や日本などの海外視察に出かけていることである。一度目はまず、1947年の4月、国連資源総会に中国代表団

として出席し、演説している事績が挙げられる。この時の鄧小平は、毛沢東が決断した世界観を反映するように、「三つの世界論」を演説の中で展開するのであった。これは、米ソを第一世界として位置づけ、中国はずっと発展途上の第三世界グループに留まるという決意表明であった。この時の第二世界とは、ヨーロッパや日本などの米ソを除く先進国で、中国は戦略的にこの国々とも仲良くできる、という旨を訴えている。

このような考え方は、ある程度今においても生きている。ソ連が崩壊した現時点においても、多少の変化はあるものの、この時のある種の遺産は実は活かされている。たとえば、アフリカなどの第三世界の国々とのパイプはずっと維持され、現在は主に資源外交のパートナーとして中国と第三世界の国々との関係が密接になっている。いずれにせよ、鄧小平は外交路線において、毛沢東が考えていたことを大きく逸脱することはしなかった。ここで両者の間において一貫していることは、中国の主権を守ることを至上の命題としながらも、柔軟に世界観を再構築し得るし、そうしなければならないという考え方である。

また鄧小平は先に述べたように、米国や日本などとも積極的に関係を構築すべく、西側先進国の工業モデルを観察するために果敢に外側の視察を繰り返している。中でも、1979年の1月、米中国交回復が正式に成立すると、すぐに米国のワシントンを訪れ、当時のカーター大統領と会談する以外に、アトランタ、シアトル、ヒューストンなどの先進工業地帯を訪れ、精力的に航空産業や通信、自動車産業などの視察を展開し（また前年には日本にも訪問し、工業施設を視察している）、そこでまた改革開放への決意を新たにしている。同年のことだが、党中央は、深圳（しんせん）などの経済特区の開設を決定している。この経済特区の開発が一挙に促進されるのは、実は1992年の

「南巡講話」以降のことであるのだが。

●第二次天安門事件（六・四事件）

　改革開放が軌道に乗るのは、まず1970年代の後半からはじまった農村改革からである。かつての土地の集団化によって自身の自留地を持てないでいた農民に土地を農家ごとに分配し、その上である程度の収穫量の納入を除いて、市場に持ち寄り売買する自由を与える「請負制」が導入されることになった。これは先にも述べたように、1960年代の初頭に劉少奇と鄧小平によって一時期導入されていたやり方であり、これをまず全面化したことになる。この改革によって、確かに農業の生産は向上に向かうことになる。

　ただこの時点において、既に中国の農村は過剰人口であったので、土地を再配分してしまうと、むしろ労働人口が余る状態になる。この時、地元での中小規模の起業が許可されることになり、基層社会において郷鎮企業が発展して行くこととなる。この郷鎮企業は、1990年代の朱鎔基路線によって、工業化の投資の枠を都市沿岸部に集中したことにより衰退を余儀なくされるが、それまでの中国にとっては改革開放の看板ともなる実験現場となるものであった。

　次いで改革開放は、1980年代の半ばにおいて都市部の国営企業を民間化するプロセスに入るなど、第二の段階へ入ろうとしていた。農村地区において土地を農家ごとに分配する方式を模倣するならば、国営企業は株式の形で分割し、労働者に分配されるべきであった。しかしそうはならなかった。国営企業の多くは共産党の幹部およびその家族が「私有」に近い形態をとって民間化することとなった。鄧小平はこの時に以下のように言葉を遺している。

現在みたところはっきりしているのは、対外開放政策を実行し、計画経済と市場経済を組み合わせること、一連の体制改革を行うこと、これらは正しい。このようにすることは、社会主義の原則に反しているか？　いやそうではない。なぜなら我々は現在二つの原則を堅持しているからである。一つは公有制経済をずっと主軸とすること、もう一つは経済を発展させ共に豊かになる道であり、そうして両極化を防ぐのである。(中共中央文献研究室編『鄧小平年譜　一九七五～一九九七（下）』中央文献出版社、2004年、1091頁〔1985年10月23日演説〕編訳：丸川哲史)

　ここで曖昧化されているのが、計画経済から市場経済へ移る際の具体的な施策の中身である。既に指摘した通り、多くの国営企業が民間化する際に、管理者たる共産党の高級幹部による家族経営的な形態を採ることになった。この時点で発生した腐敗は、やはり人民共和国の歴史においても最大規模であろうと思われる。たとえば具体的には、軍関係に大きな力を持っていた鄧小平の家族は、「保利集団」というコンツェルンを形成し、以後人民共和国内部の軍需産業の中核を担っていくのである。こういった事態にかかわる民衆の反発は大きく、共産党高級幹部に関する腐敗追及が、後の第二次天安門事件における学生側、また労働者大衆側の要求となって噴出することになる。

　さらにこの時に問題となるのは、都市部において上から設定されていた統制価格と、自由市場が形成されたことによって新たに作り出された価格体系とが二重価格になっていたことである。そしてまたもう一つは、国営企業において統制されていた給料水準と、企業の業績に応じた給料体系とがまた二重化して社会に存在することになった事態である。この価格体系と給与体系の二重化状況により、

この時期中国社会において、特に都市において許容できないほどのインフレーションが発生していた。1980年代の半ばから生じ始め、1989年の第二次天安門事件の直前に最高潮に達していた都市民衆の不満は主に、この経済秩序の過渡期における混乱に起因していると言われている。

しかし第二次天安門事件に至るまで、中国の改革開放は、外側からみる限りうまく行っているようにもみえていた。大学生たちも、自由に西側社会からもたらされた多くの知識を吸収していたのであり、何よりもこの時期の中国は、外交的には特に米国と蜜月期を迎えていた。鄧小平はまた以下のような言葉を遺している。

> 私たちの現代化建設の成功は、二つの条件において決定される。一つは国内条件。つまり現行の改革開放政策を堅持すること。もうひとつは国際的な条件である。つまり持続的な平和環境である。私たちは覇権主義に反対し、世界平和の外交政策を維持する。誰が平和を作るのか、私たちが擁護するのである。誰が戦争を起こそうと覇権を唱えようと、私たちはそれに反対する。私たちは米国・ソ連との関係改善を図る。しかし彼等がへたなことをするなら、私たちは批判するし、賛成票を投じない。私たちは他人の車に乗らない。私たちがこのような独立自主の外交政策をするのは、世界平和にとっても最も利益となるものだ。（前掲書、1109頁〔1986年3月25日演説〕翻訳：丸川哲史）

天安門における抗議運動を広場において主導したのは、北京の学生たちであるが、彼らは、米国と蜜月期にあった中国において、西側の価値観を普遍的な価値として受け止めていた節がある。だから多くの学生は事件の後、香港経由で多く米国に渡っており、ほぼ西

側の価値観に従ったところで反政府キャンペーンを繰り返すことになる。

　こういったイデオロギー状況を観察すると以下のようになるのではないか。学生側は西側の価値観に沿ってより一層の政治的な自由化を望み、労働者を本体とした都市大衆は経済的な不満を多く抱えており、ある程度学生たちの主張に同調するところがあった。一方、農民はこの時点ではほとんど不満を持っていなかった。周知の通り、この第二次天安門事件には農民の影は全くみられていなかった。いずれにせよ都市に限定するならば、国営企業の民間化のプロセスにおいて発生した高級幹部の腐敗への反感がこの運動にある種の統一性を与えていたと言えるだろう。

　鄧小平のこの都市部において発生した矛盾にかかわって、彼のこの時の態度は、やはり曖昧なものであった。しかし結局は、都市部における経済政策の失敗を認めるところとならず、また自身の身辺も含めた「腐敗」を防止することはできなかった。また一方、当時の政権内部に目を転じると、学生側に賛意を示して政治的立場を追われた趙紫陽そのものが、経済の自由化市場化の先頭に立っていた人物であり、実は経済的混乱の要因を作り出した責任者でもあった。

　このようにして第二次天安門事件が発生したわけであるが、この直前にソ連のゴルバチョフが北京を訪れていたことにも言及しておかねばならない。この行動に関して、ソ連で行われていた改革政策、「ペレストロイカ」に関連して学生運動を鼓舞したとする解釈もあるが、それよりもむしろ国家としての中国とソ連（ロシア）の歴史的な和解が成立していた側面も強調しておかねばならない。その前年に、懸案となっていたアンゴラの内戦における敵対の構図が緩和され、中国とソ連は世界冷戦の構図においてお互いに戦う必要性がなくなった――このことの確認としてゴルバチョフは北京を訪れ

ていたのである。アンゴラの内戦では、実は戦争援助のアクターとして中ソ対立の構図が成立していた(この時は米中が同盟関係にあった)が、これが解消されたのである。これは裏を返せば、米国と中国が共通の敵としてソ連を包囲する、という構図が端的に無効になったことを意味する。

　すると、第二次天安門事件の後のプロセスとして、(共通の敵としてのソ連を失い)中国はまた再び、米国との間で一定の緊張関係を持たざるを得なくなった。またこのことと平仄(ひょうそく)を合わせるように、過度に海外資本に頼る傾向を批判していた政権内部の「保守派」が一時期的に力を盛り返し、また海外からの資本投資自体も、事件の余波を受け遅滞するところとなった。これはやはり、鄧小平が思い描いていた改革開放にとっては、ブレーキとなる事態なのであった。

●南巡講話とポスト鄧小平体制

　そこで出て来た鄧小平による最後の政治的パフォーマンスが、1992年の「南巡講話」なのであった。広東省や上海を訪れた鄧小平の行動は、大胆な経済特区の新設と、投資の促進を呼びかけるなど、同時に党内の「保守派」への牽制を企図したものでもあった。それまでの議論の基本線は、やはり資本主義か社会主義か、計画経済か市場経済かといった二元論であった。鄧小平は、このようなデッドロックに陥っていた議論を一蹴し、より大規模に経済改革に打って出る身振りを上から示さなければならなかった。ただそこで語られていた南巡講話の内容は、実に1980年代の主張とほぼ同じものであった。

　計画を多くするのか、市場を多くするのか、そういったことは社

会主義と資本主義の本質的な区別とは関係ない。計画経済も社会主義とイコールではないし、資本主義にもまた計画がある。つまり、市場経済もまた資本主義とイコールではないし、社会主義にも市場がある。計画と市場は経済手段である。社会主義の本質とは、生産力を開放することであり、生産力を発展させることであり、搾取を消滅させることであり、両極分化を除去することであり、最終的には共に豊かになることである。(前掲書、1343頁〔1992年2月28日演説〕翻訳：丸川哲史)

こういった物言いに特徴的なのは、やはり「生産力」という言葉に代表される概念で、今日の中国においても、誰も疑わない正しさとしてそれが受け入れられることとなっている。しかし同時に社会主義者としての面目を遺すかのように、「搾取を消滅させること」、「両極分解を除去すること」が論じられている。毛沢東を扱った第8章で述べたように、まさに今日の中国において「搾取」は当然のこととなっており、また「両極分解」は避けがたい現実として「社会主義」政権の正統性を脅かす結果となっている。それが、第8章で述べたところの、毛沢東を讃える先祖返りの現象として出てきているものである。

そしてこの南巡講話の後、鄧小平はほとんど表には出なくなる。同時期に、同年代の古参幹部たちも鄧小平に促され、彼自身の事実上の引退と引き換えに、実際の政務から退くこととなった。

南巡講話以降の中国の政治指導部は、江沢民に主導されていくことになるのだが、そこで1990年代の後半になると、「三つの代表論」が議論されることになる(正式には2000年に決議)。これにより、共産党員の資格を以下のように定義するところとなった。「中国の先進的な社会生産力の発展の要求」、「中国の先進的な文化の前進の方

向」、「中国の最も広範な人民の根本利益」である。ここでもキーワードとなるのが「先進」、「生産力」、「利益」であるが、これらは端的に、資本家でも共産党員となることができるし、党活動の中でイニシアティブを発揮することが許されるという内容である。資本家も取り込んで共産党を構成していくのに、まず理論的な構築をして説得に努めるというやり方は、いかにも共産党的ではある。いずれにせよ、なし崩し的には物事を進めないのである。

さて興味深いことに、この後期改革開放政策において、実は工場労働者は、膨大に増えていくことになる。解放前も、また文革期に至るまで、実は工場労働者は中国の人口の主要な部分ではなかった（多くは農民であった）。奇妙なことに、改革開放の後期となり、工場労働者の比率が高まっている今日において、むしろ共産党は労働者階級の政党であることをやめようとしている。端的に共産党は、脱階級的に、また脱政治的な色彩を強めている。

総じて今日の中国のあり様を決定した南巡講話の意味――都市部において巨大な商業施設が立ち上がっていくあり様――を考えた場合に、その3年前の第二次天安門事件（六・四事件）との関連を想起する必要がある。3年前の第二次天安門事件は、述べるまでもなく共産党側が武力によって異議申し立てをする都市大衆を力で封じ込めた事件であった。後から考えれば、中国における格差社会の昂進は、明らかに南巡講話以降の文脈において発生したのである。第3章において紹介した汪暉(おうき)の議論にあるように、もしも第二次天安門事件がなければ、この南巡講話の如き政策決定に反対する大衆勢力が政治的に登場していたかもしれないのである。すなわち、紛れもなく南巡講話とは、冷戦崩壊以降に進展することになる新自由主義の中国的展開であった。翻って、共産党側（鄧小平などの改革開放を推し進める側）は、この第二次天安事件によって生じた大衆側の沈黙

●鄧小平の遺したもの

　鄧小平が遺した一つの政治スタイルは、いかにも実務者的な発想に則ったものであった。政治的な議論をする必要がない、ただ着実に成果を上げていくべきだという考えであるが、これこそ実は文革の経験から得たものと思われる。それは先に引用した南巡講話の中に、また以下のように述べているところに端的に現れている。

> われわれは三中総（十二期第三回中央総会一九八四年）以来の路線、方針、政策を推し進めるに際して、強制はせず、運動もやらない。みんなは政策に参加したければ参加する。このようにして、だんだん多くの人民がついてきた。論争をしないというのはわたしの発明だ。論争をしないのは、計画を遂行する時間を少しでも多く得るためである。論争をはじめるとややこしくなり、時間をとられて何もできなくなる。論争をしないで大胆に政策を試み、大胆に突き進む。（『鄧小平文選1982-1992』テン・ブックス、1995年、376頁）

　だが今日、このような「議論をしない」という作風ももはや限界にきているのではないか、という見方も出てきている。中国の思想家、汪暉は南巡講話以降の中国における政治スタイルを「脱政治の政治」として批判的に検討している。共産党によるいわゆる言論抑制も、このような筋道から分析されるべきだろう。ただここで言う「脱政治の政治」とは、汪暉自身がそう述べているように、中国に限らず、新自由主義経済が浸透する世界において共通する顕著な傾向である。今日、複数政党制を有する国家においても、与党となる

プロセスにおいて、実に似たり寄ったりの政策方針に落ち着いてしまう一般的傾向が存在する。実際のところ、本質的な政治的討論は回避されているのである。いずれにせよこれはやはり、世界的な冷戦構造の崩壊によって生じたものであろう。資本主義体制にとっての外側の批判勢力としての「社会主義圏」を失ったことに起因するところの、自己省察の減退を現していると言える。

興味深いのは、新自由主義を中国に導入してしまったとはいえど、ずっと鄧小平自身はマルクス主義の歴史の公式に忠実であったということである。不思議なほどに社会主義の中国の未来に期待を抱いていた楽観性が指摘できる。このことは、やはり特筆すべき事柄であるように思われる。

　　世界でマルクス主義に賛成する人が増えるものとわたしは確信している。それはマルクス主義が科学であるからだ。マルクス主義は史的唯物論を運用して、人類社会の発展の法則を明らかにしたものだ。封建社会が奴隷制社会にとって代わり、資本主義が封建社会にとって代わったように、社会主義は長い発展過程をたどったあとも、必然的に資本主義にとって代わるであろう。

　　これは社会の歴史的発展における逆転できない全般的趨勢であるが、道は曲折している。資本主義が封建主義にとって代わる数百年間に、王朝の復辟がいくたび起きたことか。だから、ある意味では、ある種の復辟が一時的に現れるのは完全に避けがたい法則的現象である。一部の国に重大な曲折が現れ、社会主義が弱体化しそうに見えても、人民は試練に耐え、その中から教訓を汲み取り、社会主義がいっそう健全な方向に発展するように促すだろう。だから、慌てふためく必要はない。マルクス主義が消滅したとか、役に立たなくなったとか、失敗したと考えてはならない。

そんなことはあるはずがない。

　世界の平和と発展という二大問題は、いまなお一つも解決されていない。社会主義中国は実践でもって、中国は覇権主義と強権政治に反対し、永遠に覇を唱えないと世界に表明すべきだ。中国は世界平和を擁護する確固たる力である。（前掲書、383頁）

こういった文言は、かつて孫文が『三民主義』の中で述べたことに符合するようにも読める。

孫文曰く「いま世界の列強があゆんでいる道は、ひとの国家をほろぼすことである。もし中国が強大になっても、同様にひとの国家をほろぼし、列強の帝国主義をまね、おなじ道を歩むとしたら、彼らの損じた跡をそのまま踏むのにほかならない。それゆえ、われわれはまず一つの政策、すなわち『弱いものを救い、危いものを助ける』ことを決定する必要がある。それでこそ、われわれ民族の天職をつくすというものだ」と。

このような理想主義の系譜的繋がりは、やはり中国革命の神髄にあるもの、と言えるのではないだろうか。今後このような革命家たちの理想に背くことが中国にあったとしても、実にこのような先人たちが遺した言葉が担保されている限り、中国の政府関係者も、また一般国民も、その初心に立ち返らざるを得なくなるのである。

終章 課題としての中国ナショナリズム、「民主」および「人権」について

　本書が明らかにしようとして来たのは、中国ナショナリズムを論じること、そこに公正な眼差しを向けることの困難さであったと思う。日本においては、表面的にあるいは西側の視点から無意識的に中国を批判することが既に習慣づいているわけだが、史的前提として中国がどのように「近代」を通過して来ているのか——その歴史的磁場を知ったうえで中国問題を論じる必要がある、ということである。もちろん、中国国内に抱え込まれる制度的要求としての「民主化」や、現象として散見される「人権問題」は無視できないものである。しかし、中国内部にあるものを一面的に批判するだけでは、むしろこちら側の思考停止をもたらすことが多く、結果として実りは少ないだろう。中国が背負った引き戻すことが難しい歴史的負荷がどのようなものであるのか——それを知ることを通じて、むしろ日本が潜り抜けたところの「近代」のあり様にも反省の目が向けられるべきかもしれない。

　そこでまず「民主」であるが、これに関しては、まず欧米から導入された三権分立を中心的教義とする制度としてセットになった民主主義制度が、なぜ中国には定着できなかったのか、という問いが一つ立てられよう。そしてもう一つは「人権」であるが、これをヒューマン・ライツとして考えてみるならば、人間が生まれながらにして有している権利、ということになろうか。ここでのヒューマン（人間）と対になるのは、奴隷あるいは動物ということである。

すなわち、原理として人間は誰によっても所有されてはならない、という意味である。

*

さて前者「民主」という課題は、中国が安定的な状態にあって、西側からの制度の移植によって「近代化」を推し進められれば良かったととりあえずは言えるわけであるが、一つにそのような社会的条件が当時の19世紀後半から20世紀にかけての中国には欠けていた、ということになる。端的に国家は分裂状態に陥っていたので、まず全国的な議会も、規格化された裁判システムも、また機能的な行政システムも成立することが難しかった。つまり、整理して言えば、異なった徴税システムが別々に作動する、そのような軍閥支配による分裂状態が続いていた。そのような中国においてまず必要視されたのは、武力による国家統一であり、それしかなかったと言える。しかしてその国家の分裂をもたらした初発の要因は、主に西洋列強の侵入に端を発するわけだが、清朝という王朝形態がそもそも近代的国家へとモデルチェンジするのにはあまりにもマイナスの遺産が多すぎた、と言わざるを得ないのであった。総じて、中国は革命という手段を通じてしか近代的中央政権国家を作ることが出来なかった、ということになる。そこで進展したことは、より強力な実力組織、つまり軍隊をその内部に蔵した「党」（超級政党）の成立であった。

このような歴史的地盤が、まさに中国において欧米モデルの「民主」が根を張れなかった大きな要因であるが、さらに遡れば、このような中国の国家の分裂状態は、興味深いことに日本の「近代化」の成功と裏腹の関係にあるのである。いわゆる日本の「近代化」の成功は、1850年代から1860年代にかけて日本近海の「無風」状態に

終章　課題としての中国ナショナリズム、「民主」および「人権」について　211

関係がある。この時期、極東地域に最大の関心を傾けて、またその力を行使せんとしていたのはイギリスであったが、1840年のアヘン戦争以降、イギリスはこれにエネルギーを取られることになる。さらに中国南部から始まった太平天国の乱により、多数の難民がイギリスの租借地である香港に殺到する。そしてまた第二次アヘン戦争（1856〜1860年）が打ち続くなど、イギリスの目はほとんど中国南部に釘づけにされた状態であった。

　すなわち、この時期が日本の「近代化」にとっても最も鍵となる時期、日本は対外関係に悩まされずに済んだということになる。そして明治政府は、自由民権運動のエネルギーを巧みに斥け、あるいはそれを吸収することで、1880年代後半においてヨーロッパ型（特にドイツ）の国家制度を成立させることに成功した。一方の中国は、清末期からの混乱を避けることができず、革命という手段による近代国家の建設を始めることを余儀なくされる。最終的に中国が中央集権的な国家体制を成立させたのは、1949年の中華人民共和国の成立によってであるが、その時点での中国にとっての「民主」は、色濃く戦乱の世に規定されたもの以外ではなかった。すなわち毛沢東が述べていたように、中国にとっての「民主」とは、敵として認定された勢力には適応されないということである。革命と内戦を通過することによって形成された現代中国において、実にこのような「民主」観が成立したことになる。このような「敵」、あるいはそれと対になる「友」という観念（またこの敵と友をどう再編するかという政治）は、実に今日においても、中国の世界観を規定し続けている。それはたとえば、米国との関係性をみれば分かることである。

＊

　さて次に、「人権」について論じることにしよう。先に述べたよ

うに、「人権」とは奴隷制を廃止する、あるいは身分制を解体するという「近代」の要請としてあるもの、ととりあえず定義できよう。このような原理から出発するならば、かつて奴隷制を維持し、また海外植民地の住民を二級市民として扱っていた欧米社会は、それを手放すまでは「人権」を遵守した社会ではなかったことになる。特に米国の場合に、公民権が黒人に付与されるのは、実に1960年代後半からの運動によってである。そこで興味深いのは、「人権」という用語が政治的に登場するのは、1970年代以降のことであり、これは特に旧社会主義圏、第三世界諸国、新興国における「非人権」的現象が改めて欧米側から発見されてから、ということになる。

このような文脈からして、「人権」はその原義から離れ、国際政治の「道具」になった観もあるわけだ。そこで一つの構図を作るとすると、こうなるだろう。いわゆる「人権」は既に自国の産業構造をサービス、福祉、金融、消費の方面へとシフト（第三次産業化）してしまっている国家においては、既に問題にされなくなっているということ。その反面として、そのような第三次産業化された国家によって投資され、まさに産業資本主義が駆動し始め、多くの労働者人口が流動し搾取される状況にある国家においてこそ「人権」が問題化されている——このことに私たちは容易に気づくことになる。産業資本主義（モノの生産）が最も集中的に現れる地域において、持たざる者の闘争が鋭さを帯びるのであり、そこで「非人権」的現象が色濃く立ち現れることになる。

ルソーのような原理的な哲学者からすれば、「人権」とは元々あったもので、私有財産制の発展により、人間の間に分断が生じ、そこから「人権」への希求が喚起される——こういった見取り図であった。しかし実際に世界史的に生じていることは、ルソーの考えていることから言えば、ある意味ではむしろ逆のことである。「人

権」が剥奪された状態とは、実のところ何も財産を持っていないということである。中国はいまだに農民人口が半数であり、それが国家によってコントロールされながら、産業資本主義の担い手となるべき労働者へと転じて行くプロセスにある。社会資本の増大により、改革開放以降に農民に分配された土地の価値も、ますます目減りするばかりである時、事実上ほとんど財産を持っていないと言える「農民工」こそ最も「非人権」的状況にあることは、疑えない事実である。

　だが、欧米からすると中国における「人権」侵害は、特に国家による人民への抑圧、とりわけ「非人権」的状況を西側世界に知らせようとする知識人に向けられている、という絵に特化されている。ただ先に述べたように、中国全体のあり様からして、農民人口が全く財産のない状態で都市の労働市場に投げ出される状況をコントロールする主体として、現時点ではやはり中央政府に期待が集中している。現行の戸籍制度を安易に自由化し撤廃するならば、むしろ都市においてスラムが発生するであろう。またよく「人権」侵害として問題化されている「一人っ子政策」（人口抑制政策）にしても、それをやらなかったとしたら、人口は不法状態のまま豊かな欧米社会の方へと膨大に流れて行ったことであろう。「一人っ子政策」は、深く考えれば皮肉なことに、中国以外の中国より豊かになっている国や地域に向けての中国中央政府からのプレゼントであるのだ。当然のこと、筆者の立場は、中国社会の矛盾を広く国際社会に伝えようとしている知識人が中央政府によって取り締まりの対象になっていることに深い同情を禁じ得ないし、中央政府の選択が良いものとも思えない。しかし一つだけ言えるのは、中国内部の一つ一つの矛盾は他の様々な矛盾とリンクしたものであって、一方的な分析角度からのみ解決できるものではない、ということである。端的に、中

央政府を批判すればそれで済む、という問題ではないのだ。

＊

　最後に確認しておかなければならないのは、「近代」とは一つの理想だということ——完全に実現することは不可能であるが、それに向けて不断の努力が要請される理想——である。近代国家と目される国家は、大概は憲法を有しているわけであるが、そこで例外なく適応される原則とは、「身分制を肯定していない」ということである。その意味でも興味深いのは、人は近代国家を離れてどのように生きられるか、ということである。経験則的に言っても、国籍のない人間は、著しく生きる権利をはく奪された状態に近似してしまう。最も理想的なことを言うとすれば、人は国籍などなくとも、国家などなくとも平等に自由に生きられるはずだ、という考え方である。しかしその道は遠い。そこで考え直さなければならないのは、近代国家こそが元々は、身分制を解体し、人を平等に自由に生かす装置として望まれ出発したものであるということ——この歴史的原点は、やはり忘れてはならないように思われる。今日、いかに国民国家（近代国家）の限界が指摘されているにしても、である。

　中国はまだその近代国家の形成過程の途上にある、と私は考える。中国ナショナリズムを分析し、そこに一定の評価を与える作業は、このことを一つの前提にしなければならないのである。

参考文献

- アリギ, ジョヴァンニ『北京のアダム・スミス——21世紀の諸系譜』中山智香子訳、作品社、2011年。
  著者は、米国と中国の近代以降の経済構造の変化を鮮やかに分析しています。きっと、読み進めて行くうちに、眼から鱗が落ちる思いがするはずです。
- 汪暉『思想空間としての現代中国』村田雄二郎他訳、岩波書店、2006年。
  この本によってはじめて、1989年天安門事件の意味が、政治経済、そして思想的に総合的に掴まれることになったと言えるでしょう。その他、アジア言説に関わる分析も秀逸。
- 汪暉『世界史のなかの中国——文革・琉球・チベット』羽根次郎他訳、青土社、2011年。
  中国では「新左派」に分類されている著者の渾身の力作です。著名な日本の知識人、柄谷行人氏が『朝日新聞』の書評欄でも取り挙げた本です。
- 温鉄軍『中国にとって農業・農村問題とは何か？——〈三農問題〉と中国の経済・社会構造』丸川哲史訳、作品社、2010年。
  著者は、農業の不振、農村の荒廃、農民の貧困という「三農問題」を提起した著名な実践家です。中国を歴史的にまた構造的に理解するのに「三農問題」への考察は必須です。
- 外文出版社『毛沢東選集　第一〜四巻』中国国際書店、1968年。
  毛沢東の基本的な思想や考え方が編年体的に整理されています。日本語で読めるものとしては、これがポピュラーな版になりました。
- 賀照田『中国が世界に深く入りはじめたとき——思想からみた現代中国』鈴木将久訳、青土社、2014年。
  今、中国の若者に最も注目されている言論人です。現代中国にとっての知識人の位置、青年の位置を知る上で実に豊かな示唆を与えてくれます。
- 金冲及主編『毛沢東伝（上・下）』村田忠禧監訳、みすず書房、1999年〜2000年。
  毛沢東というユニークな革命家のことを考えるに、今一番分かりやす

く網羅的に説明してくれているのが本書です。これまで使われていなかった資料も採り入れられています。
- グハ, ラーマチャンドラ『インド現代史　1947-2007(上・下)』佐藤宏訳、明石書店、2012年。

    中国の国家としての特色を考える場合、実はインドとの比較も有効なのです。なぜインド帝国はバラバラになって独立し、中国は帝国を維持したまま近代国家になったのか……。
- 黒田明伸『中華帝国の構造と世界経済』名古屋大学出版会、1994年。

    中国が近代へ現代へと入る政治経済的必然性はどこにあったのか。本書は、正確かつ誠実に清朝期の経済構造(国際関係も含む)を分析し、大きな問題に応えています。
- シュミット, カール『陸と海と――世界史的一考察』生松敬三・前野光弘訳、福村出版、1971年(新版、慈学社出版、2006年)。

    著者は内陸国家と海洋国家と対比しつつ、想像力の次元で文明のあり様を捉え直そうとしました。今日の中国やロシアのことを考える際に、実に示唆的な書物です。
- 銭理群『毛沢東と中国――ある知識人による中国人民共和国史(上・下)』阿部幹雄他訳、青土社、2012年。

    毛沢東の時代を生きた本物の知識人による当時の述懐を含んだ思想的回顧録です。とても示唆に富むもので、読みごたえ十分の書物です。是非お勧めします。
- 孫文『三民主義(上・下)』安藤彦太郎訳、岩波文庫、1957年。

    中国の政治文化を考える上での必読文献です。毛沢東も鄧小平も、みな孫文が主張していたこと、考えていたことを踏まえていることが分かります。
- 竹内好『アジアへの／からのまなざし(竹内好セレクションⅡ)』鈴木将久他編、日本経済評論社、2006年。

    竹内好が遺した言葉は、中国における「近代」を考える上で、なくてはならない思想の資源です。彼の思想を批判する上でも、まず読む必要があるでしょう。
- 中共中央文献編集委員会編纂『鄧小平文選　1982-1992』中共中央編訳局・外文出版社訳、テン・ブックス、1995年。

    鄧小平は、毛沢東時代のような議論や闘争を避けようとした形跡がありますが、実は彼本人は実践家でもありつつ、非常に思想的でもあっ

たことがこの本から分かります。
・陳光興『脱帝国——方法としてのアジア』丸川哲史訳、以文社、2011年。
　著者は、台湾出身の知識人で、香港やインドにまでその視野を広げて東アジアへの考察を展開しています。副題は竹内好の「方法としてのアジア」にちなんでいます。
・費孝通編著『中華民族の多元一体構造』西澤治彦他訳、風響社、2008年。
　長い中国の歴史と複雑なあり様を構造的に捉えようとする際に、現在の中国では「多元一体」という概念がよく使われています。この概念を提唱したのが費孝通氏です。
・吉澤誠一郎『清朝と近代世界　19世紀』岩波新書、2010年。
　清朝の後半から起こった出来事は実に複雑です。アヘン戦争から太平天国の乱、そして清朝内部の変革運動まで、本書はそれらを簡潔に分かりやすく解説しています。

●年表　日本・中国（大陸）・台湾の近現代史

	日本	中国（大陸）	台湾
1840		アヘン戦争（〜1842年）	
1841			
1842		南京条約（香港割譲）	
1843		虎門寨追加条約（英）	
1844		望厦条約（米）　黄埔条約（仏）	
1845	イギリス船長崎に来航	イギリス上海に租界開設	
1846			
1847			
1848			
1849		フランス上海に租界開設	
1850			
1851		太平天国の乱（〜1864年）	
1852			
1853	ペリー浦賀に来航　ロシア使節プチャーチン長崎に来航		
1954	和親条約成立（米、英、露）		
1855			
1856		アロー戦争（第二次アヘン戦争〜1860）	
1857			
1858	日米修好通商条約締結　安政の大獄	アイグン条約（露）	
1859		天津条約（英・仏）	
1860	桜田門外の変	英・仏軍北京へ進軍　北京条約（英・仏・露）	
1861		総理各国事務衙門（外交部）設置	
1862	生麦事件	洋務運動の高揚（同治中興とも呼ばれる小康期〜1872年）	
1863	薩英戦争		
1864	四カ国連合が下関（長州藩）を砲撃	太平天国滅亡	
1865			
1866			
1867	大政奉還・王政復古		
1868	明治維新（「五ケ条の御誓文」出される）		
1869			
1870			
1871	廃藩置県（琉球は薩摩藩へ）日清修好条規締結	ロシアによるイリ地方占拠（イリ事件）　日清修好条規締結	
1872			
1873	征韓論おこる		
1874	台湾出兵	天津・日清条規（台湾事件の処理）	日本軍の南台湾への侵入（台湾出兵）
1875	樺太・千島交換条約		
1876	日朝修好条規締結		
1877	西南戦争（西郷隆盛死去）		
1878			
1879	琉球処分（琉球を沖縄県とする）	清朝琉球処分に反発　第一次イリ条約（露）	
1880			
1881	自由党結党	第二次イリ条約（イリ地方を回復）	
1882	立憲改進党結成　福島事件（会津自由党員らと警官隊が衝突）		
1883			

年			
1884	朝鮮の甲申事変に介入　秩父困民党事件	清仏戦争（～1885）	フランスによる占領活動から清朝側が台湾を防衛
1885	清国と天津条約（朝鮮半島からの同時撤兵）	日本と天津条約　仏と天津条約（ベトナムの仏領化）	福建省の一部から台湾省へ　初代巡撫劉銘伝の洋務運動
1886	長崎にて清国水兵による狼藉事件	この頃より仇教運動（反キリスト教）頻発　越南新約（仏との通商条約）	
1887		マカオ（ポルトガル領へ）	
1888		北洋海軍成立	
1889	大日本帝国憲法の発布		
1890	第一回帝国議会招集		
1891		民間の会党「哥老会」キリスト教会を焼打ち	
1892			
1893			
1894	朝鮮東学党の乱（日本甲午農民戦争への介入）　日清戦争勃発	孫文ハワイにて興中会結成　上海で金玉等殺害される	
1895	日清講和条約（下関条約）調印　三国干渉	下関条約（台湾の割譲）　孫文広東での蜂起の失敗により日本へ	日本軍の侵入（征服戦争）及び抵抗戦争
1896			形式上の軍政から民政への移管
1897		山東でドイツ人宣教師殺害	
1898		変法自強運動　膠州湾（独）旅順・大連（露）威海衛・九竜半島（英）が租借	第三代総督児玉源太郎　土地調査へ（地租制度の確立）
1899		米の門戸開放宣言（進出の機会均等を他の列強に求める）	
1900	義和団事件への介入（出兵）	義和団事件（義和団支持により清朝苦境へ）　孫文の恵州蜂起失敗	台湾製糖株式会社発足（自営の製糖業の没落）
1901	八幡製鉄所操業開始	北京議定書（義和団事件の処理）　最高リーダー李鴻章死去	
1902	日英同盟協約締結	満州還付条約（露）	台湾人による武装抵抗下火へ
1903			
1904	日露戦争　第一次日韓議定書調印	清朝日英戦争に対して中立宣言	
1905	ポーツマス講和会議（日比谷焼打ち事件）　第二次日韓議定書調印	孫文中国同盟会設立（東京）　科挙制度の廃止　日本への留学ブーム	台湾での独自財政が確立
1906	南満州鉄道株式会社設立	予備立憲のための詔が出される	
1907	第三次日韓議定書調印		
1908		憲法大綱の発表（国会開設の約束）　西太后死去	
1909			
1910	日本韓国を併合　大逆事件	幣制改革（銀本位制）	
1911	関税自主権の回復	鉄道の国有化宣言　辛亥革命（武昌蜂起）　孫文臨時大総統	
1912			
1913		袁世凱正式大総統へ　孫文第二革命も失敗	
1914	第一次大戦に参戦	中華革命党結成	
1915	秘密裡に対華二十一ヵ条要求を通告	二十一ヵ条要求受諾　袁世凱帝政発表　新文化運動（胡適・魯迅・陳独秀）	西来庵事件（武力蜂起）への弾圧（二百名ほど処刑）
1916		帝政の取り消し	
1917		張勲宣統帝溥儀の擁立に失敗　第一次広東軍政府の成立	
1918	シベリア出兵（革命干渉）　米騒動	軍閥の抗争が激化（～1928年）	

年			
1919		パリ講和会議で「対華二十一ヵ条要求」露見　五・四運動　中国国民党成立	
1920	最初のメーデー(上野公園)		
1921		上海にて中国共産党成立	台湾文化協会成立　台湾議会設置請願運動(～1934年)
1922			
1923	関東大震災	孫文・ソ連大使ヨッフェ会談(ソ連との協力関係の締結)	
1924		黄埔軍官学校設立	
1925	普通選挙法公布　治安維持法成立	孫文死去　五・三〇運動	
1926		国民革命(北伐～1928年)	台湾農民組合結成
1927	山東出兵(北伐戦争への介入～1928年)	蒋介石の反共クーデタ(国共合作の停止)　共産党根拠地闘争(～1935年)	
1928		張作霖爆殺事件　上海にて台湾共産党設立	上海にて台湾共産党設立
1929	大卒者の就職難　世界恐慌から生糸価格の暴落		
1930	ロンドン海軍軍縮条約	中共根拠地への包囲掃蕩作戦始まる	台湾地方自治連盟成立　霧社事件(先住民による蜂起)
1931	満州事変	満州事変	
1932	上海事変	第一次上海事変　東北地区に偽満州国が成立させられる	
1933	共産党員の大量逮捕事件　日本国連脱退		
1934			
1935	天皇機関説事件	共産党「長征」へ　延安で根拠地再設定	
1936	二・二六事件	張学良による西安事件の発生	この頃皇民化政策強まる(対中国戦争のため)
1937	盧溝橋事件より日中戦争	第二次国共合作　盧溝橋事件　第二次上海事変　南京事件　重慶臨時首都	
1938	海軍重慶を爆撃	日本軍の重慶爆撃	
1939	国家総動員法		
1940		南京に汪兆銘政権成立　中共軍日本軍との間で「百団大戦」	
1941	太平洋戦争(真珠湾攻撃、シンガポール占領)	台湾革命同盟会成立(←台湾義勇軍)	太平洋戦争以降「南進基地」と設定　戦時動員が施行
1942	香港占領、軍政を実行		
1943		蒋介石カイロ会談へ(チャーチル、トルーマン)	
1944			
1945	米軍沖縄を占領　ポツダム宣言受諾　マッカーサー五大改革	国共間で双十協定成立	カイロ宣言により台湾中国へ復帰(光復)
1946	日本国憲法発布	国共間で内戦の全面進行	
1947		中共渡河作戦(中共の攻勢強まる)	二・二八事件(国民党政権への反対運動)発生
1948	東京裁判判決(東条ら七名絞首刑)	淮海戦役　平津戦役	
1949		蒋介石総統を辞任　人民共和国建国(国共内戦の結果)	学生弾圧事件四・六事件　国民党政権の台湾への撤退

年			
1950	朝鮮戦争の勃発　警察予備隊設置	朝鮮半島に人民義勇軍を派遣(～1953年)　中ソ相互援助条約成立	白色テロの横行　蔣介石総統復帰
1951	サンフランシスコ講和条約にて再独立　日米安保条約成立		
1952	サ条約発効　中華民国政権と日華平和条約		日華平和条約(台湾撤退後の初めての国際条約)
1953		第一次五ケ年計画の始動　スターリン死去	
1954	第五福竜丸被爆事件　自衛隊の発足	周恩来・ネルー会談(平和五原則)	米華相互援助条約成立
1955	55年体制の成立	金門島で砲撃戦	金門島で砲撃戦
1956	日ソ共同宣言(国交回復)　日本国際連合加盟	中ソ経済協力援助協定　毛沢東「十大関係論」報告　百花斉放・百家争鳴運動	
1957		反右派闘争	岸信介首相・蔣介石総統会談
1958		人民公社化を始める　大躍進運動	
1959		廬山会議にて彭徳懐の解任	日本の対大陸中国貿易を非難
1960	日米新安保条約調印(反対運動の激化)	中ソ論争始まる	
1961		ソ連技術者の帰国	
1962		劉少奇・鄧小平などによる調整経済　中印戦争の勃発	
1963			
1964	東京オリンピック開催	核実験の成功　フランスと国交樹立	フランスと断交
1965	日韓基本条約締結		米国援助廃止(ベトナム戦争)　日本の大規模円借款が決定
1966		文化大革命始まる(～1977年)	
1967		上海コミューンの成立	佐藤栄作首相・蔣介石総統会談
1968	学生運動激化	劉少奇・鄧小平職務停止	
1969	日米共同声明(沖縄の1972年復帰決定)	中ソ国境紛争の激化　毛沢東・林彪体制の発足　劉少奇死去	
1970	大阪万博博覧会　安保条約自動延長		
1971	よど号ハイジャック事件	林彪事件(林彪死去)　キッシンジャーの秘密訪問	保釣釣魚台運動(学生民主化運動)
1972	沖縄日本に復帰　日中国交正常化	日中国交正常化　周恩来・ニクソン会談(北京)　国連での議席を回復	日本と断交　国連脱退　釣魚台の日本返還を非難
1973		鄧小平職務復帰	
1974		四人組の形成	モロタイ島で元日本兵の中村輝夫(李光輝)発見される
1975	沖縄海洋博覧会	「四つの現代化」の提示	蔣介石死去　日本軍事郵便貯金の返還を求める委員会成立
1976		周恩来死去　第一次天安門事件　鄧小平職務停止　毛沢東死去　四人組逮捕	
1977		文革の終了宣言　鄧小平の二度目の復活	
1978	日中平和友好条約	中国・ベトナム紛争　「改革開放」の始動	蔣経国総統に就任
1979		米中国交回復　国務院「台湾同胞に告げる書」発表	美麗島事件(民主化勢力への弾圧事件)

年			
1980		経済特区構想の始まり	
1981		中国共産党・歴史決議（文革を批判）	
1982	歴史教科書の検定が外交問題に	日本の教科書検定を批判	
1983			
1984		97年の香港返還を調印（英）	
1985	先進5ヵ国によるプラザ合意（以後円高基調へ向かう）	人民公社解体へ	
1986			親戚の大陸訪問の解禁 野党民進党の発足
1987		趙紫陽「社会主義初級段階論」この頃民主化運動が高揚	戒厳令解除宣言
1988	台湾人元日本兵死傷者への200万円の補償を決定		蔣経国死去　李登輝総統就任
1989	昭和天皇死去	胡耀邦死去　ゴルバチョフ訪中 第二次天安門事件（江沢民体制）	総選挙実施
1990			
1991	湾岸戦争で50億ドル供出		内戦の終了を宣言
1992	平成天皇の中国訪問　バブル経済の崩壊	鄧小平の南巡講話（第二次改革開放）日本天皇訪中　韓国と国交樹立	韓国と断交
1993			
1994			李登輝総統・司馬遼太郎対談
1995			李登輝総統訪米
1996		台湾海峡でミサイル演習	台湾の総統選挙で李登輝当選　台湾海峡で軍事緊張
1997	日米防衛協力ガイドライン合意	鄧小平死去　香港返還	
1998			台湾中部大震災
1999	国旗・国歌法制化	マカオ中国復帰	李登輝総統「一つの中国論」の変更を示唆
2000			民進党陳水扁総統に就任
2001		江沢民政権「三つの代表論」（私企業の経営者も党員に）	小林よしのり著『台湾論』（中文版）出版
2002	小泉首相ピョンヤンへ　日朝ピョンヤン宣言	胡錦濤体制の成立	
2003	自衛隊のイラク南部への派遣 15億ドルの供出		
2004	小泉首相靖国神社参拝		
2005		日本首相の靖国参拝に関連し大規模な反日デモ	漁船団が（釣魚台）海域付近でデモ
2006		中国の台頭が喧伝され始める	
2007	李登輝元総統靖国神社参拝		李登輝元総統靖国神社参拝
2008		四川大地震　チベットで暴動 北京オリンピック　金融恐慌を乗り切る	国民党馬英九総統に就任　陳水扁元総統逮捕
2009	石垣島海域にて中国船の拿捕（船員の強制送還）		
2010			
2011	福島第一原発で大事故		
2012	尖閣諸島（釣魚列島）の国有化	領土問題にかかわる反日デモ激化　習近平体制の発足	漁船団が（釣魚台）海域付近でデモ
2013			
2014			

著者紹介

丸川 哲史（まるかわ　てつし）

1963年和歌山市生まれ。
2002年一橋大学大学院言語社会研究科博士課程修了。2007年同研究科にて博士号（学術）取得。
現在、明治大学政治経済学部／教養デザイン研究科教授。専攻は東アジアの思想・文化。
著書として、『台湾、ポストコロニアルの身体』（青土社、2000年）、『リージョナリズム』（岩波書店、2003年）、『冷戦文化論』（双風舎、2005年）、『竹内好　アジアとの出会い』（河出書房新社、2010年）、『台湾ナショナリズム』（講談社、2010年）、『魯迅と毛沢東』（以文社、2010年）、『思想課題としての現代中国』（平凡社、2013年）、『魯迅出門』（インスクリプト、2014年）、『阿Qの連帯は可能か？』（せりか書房、2015年）など。
訳書として『ジャ・ジャンクー「映画」「時代」「中国」を語る』（ジャ・ジャンクー著、佐藤賢との共訳、以文社、2009年）、『中国にとって、農業・農村問題とは何か？』（温鉄軍著、作品社、2010年）、『脱帝国　方法としてのアジア』（陳光興著、以文社、2011年）、『毛沢東と中国（上・下）』（銭理群著、鈴木将久、羽根次郎、阿部幹雄との共訳、青土社、2012年）などがある。

中国ナショナリズム
——もう一つの近代をよむ

2015年8月5日　初版第1刷発行

著　者　丸川哲史
発行者　田靡純子
発行所　株式会社　法律文化社

〒603-8053
京都市北区上賀茂岩ヶ垣内町71
電話 075(791)7131　FAX 075(721)8400
http://www.hou-bun.com/

＊乱丁など不良本がありましたら、ご連絡ください。
お取り替えいたします。

印刷：共同印刷工業㈱／製本：㈱藤沢製本
装幀：白沢　正
ISBN 978-4-589-03692-6

Ⓒ2015 Tetsushi Marukawa Printed in Japan

JCOPY　〈(社)出版者著作権管理機構　委託出版物〉

本書の無断複写は著作権法上での例外を除き禁じられています。複写される
場合は、そのつど事前に、(社)出版者著作権管理機構（電話 03-3513-6969、
FAX 03-3513-6979、e-mail: info@jcopy.or.jp）の許諾を得てください。

田中仁・菊池一隆・加藤弘之・日野みどり・岡本隆司著

新・図説 中国近現代史
―日中新時代の見取図―

A5判・290頁・2900円

「東アジアのなかの中国」という視点で構成・叙述し、必要かつ重要なキータームをおさえつつ現代中国を立体的に捉える。「東アジアの転換」「両大戦と中華民国」「現代中国の軌跡」の3編13章125項構成。台湾、香港にも言及。

出原政雄編

歴史・思想からみた現代政治

A5判・252頁・2900円

愛国心、新自由主義、歴史認識など現代政治の焦点となる問題が、歴史的にどのような背景で発生し、展開してきたのか。グローバル化のなかで国民国家の価値・規範が変容する今、新たな政治の枠組みを歴史・思想から考える。

出原政雄編

戦後日本思想と知識人の役割

A5判・416頁・8500円

戦前・戦中と戦後の間にみられる断絶と継続という問題意識から、講話や外交・天皇制等が熱く論じられた1950年代に注目。時代の変革をめざす「知識人」たちが、人権・平和などの課題とどう格闘してきたのかを分析する。

池田 誠著

孫文と中国革命
―孫文とその革命運動の史的研究―

A5判・508頁・7500円

孫文の生きた時代を冷静にみつめながら、その思想基盤、運動論、政治論を明確にする。『三民主義』や『建国方略』に体系づけられる世界史的視野にたった彼の論理的展開を革命的実践により検証しつつ、その本質と歴史的意義を解明。

陳德仁・安井三吉編
〔孫中山記念会研究叢書Ⅰ〕

孫文・講演「大アジア主義」資料集
―1924年11月 日本と中国の岐路―

A5判・390頁・6000円

1924年11月22日上海を出発、24日神戸着、30日出発までの1週間の孫文の足跡を資料でたどる。来日の目的であった「大アジア問題」についての講演を中心にその内容や孫文自身をめぐるマスコミの評価、対応を検証する。外交史料により日本の態度も考察。

――法律文化社――

表示価格は本体(税別)価格です